종교시민문화연구소 학술총서 ④

현대 한국의 종교시장정책론

유광석 지음

다산출판사

** 이 저서는 2015년 정부(교육부)의 재원으로 한국연구재단의
지원을 받아 수행된 연구임(NRF-2015S1A6A4A01010058)

:: 서 론

본 저서는 현대 한국 사회를 종교시장이론(religious market theory)의 관점에서 분석하고 지구화 과정의 필연적 결과로서 한국의 종교적 다양성 문제를 정책적으로 어떻게 관리하고 해석하여야 하는지를 제시한다. 이러한 거시적 목적은 다음과 같은 몇 가지 차원에서 기존의 종교연구에서는 발견하기 어려운 학문적 의의를 갖고 있다.

첫째, 한국에서 그동안 출간된 기존의 종교사회학 저술들은 그들의 연구목적과 관련하여 크게 두 가지 영역으로 나누어 볼 수 있다. 첫째는 개별 종교의 기능과 역할이 어떻게 그리고 왜 변화했는지를 설명하고자 하는 것이고, 둘째는 사회의 하위시스템으로서 종교가 다른 하위시스템들과 어떤 관계에 있는지를 이해하고자 하는 시도들이다. 이러한 거시적 연구흐름은 주로 개신교, 불교, 천주교, 유교 등의 기성종교와 신흥종교들의 정치적 관계, 교리적 진화 과정, 사회적 역할과 태도, 그 구성원들의 의식조사와 같은 고전적 주제들을 이해하는 데 중요한 기여를 하였다. 그러나 공통적으로 그러한 연구들은 종교의 사유화(privatization)에 대한 이론적 일반화를 묵시적으로 또는 명시적으로 공유하고 있다는 점에서 현대 사회에서 종교의 공적 중요성을 파악하는 데 큰 한계를 보여주고 있다. 종교의 사유화 현상을 단순히 의식의 세속화로 이해하면 충분한 것으로 전제하고 그 이면에 내재한 종교의 공공성(publicity)에 대한 이론적 및 경험적 논의를 철저히 도외시한 세속화 명제(secularization thesis)가 기존 종교사회학의 지배적 패러다임이었다면, 현대 지구사회에서 종교적 디아스포라의 확산 및 로컬사회의 종교적 다양성 증대로 인한 종교적 갈등과 혼합 양상들은 종교와 사회의 복잡한 관계에 대한 새로운 이론적 관점을 절실히 요청하고 있다. 본 저술은 공적 영역에서 종교의 중요성을 종교적 사유화나 세속화 명제와 같은 고전적 이론체계에서가 아니라 서구의 새로운 패러다임으로 불리는 종교시장이론(religious market theory)적 맥락에서 한국의 종교적 상황을 해석하고 분석함으로써 종교시장정책의 공적 정당성을 체계적으로 기술하고자 한다.

둘째, 국내사회든 국제사회든 종교의 사회적 중요성 또는 그 영향이 감소할 수밖에 없다고 주장하는 기존의 세속화론자들이 직면하고 있는 가장 심각한 이론적 한계는 종교와 관련한 다양한 사회문제에 어떠한 정책적 대안도 제시할 수 없다는 점에 있다. 현대 사회의 합리성과 이기성에 배치되는 종교적 믿음과 행위는 결국 사회적 차원에서는 사소한 것으로 전락할 수밖에 없기 때문에 종교적 다양성의 증대나 독립변수로서 종교성의 영향력에 대한 정책적 담론이 존재하기 어렵다. 현실 사회에 대한 이러한 진단은 기존의 종교사회학이 자본주의 시장경제에서 종교의 미래에 대해 잘못된 예측을 하게 만들었고 현대 자본주의 사회와 종교성의 밀접한 상관성을 계급이론이나 문화이론으로 환원시키는 결과를 낳았다. 그들에게 종교정책이란 단어 자체가 모순이며 그것은 겨우 계급정치나 문화정책의 한 부분으로 이해되면 충분한 것이었다.

반면에, 본 저술의 이론적 틀로서 기능하는 종교시장이론의 관점에서는 수많은 종교들 간의 경쟁과 그에 내재한 인간들의 자기이익 추구가 거시적 차원의 종교경제의 기초를 이루고 있으며 종교경제를 지배하는 시장의 힘을 정책적으로 고수해야 하는 이론적 당위성을 강조한다. 종교적 다양성이 증대하는 지구화 과정에서 한국 사회가 분리되거나 고립될 수 없는 동시대적 상황을 다양한 종교공급자와 종교수요자들로 구성된 하나의 종교경제로 상정할 수 있다면, 전체 사회구성원의 이익을 증대시키는 유일한 종교정책론적 대안은 효율적 종교경제시스템을 만드는 것이다. 시장의 효율성이란 공급자와 수요자 모두가 만족스러운 선택 또는 의사결정을 할 수 있을 때 가능한 것이며, 공급자들의 자유로운 경쟁과 수요자들의 합리적 선택이 전제될 때에야 비로소 극대화될 수 있다. 종교시장정책이란 한국의 종교경제를 어떻게 효율적인 시장시스템으로 만들 것인가에 대한 분석이며, 전체 사회구성원의 이익을 증대시키는 효율적 종교경제가 왜 국제적 추세와 변화의 흐름에 부합하는 것인지를 본 저술이 구체적 사례를 통하여 제시할 것이다.

셋째, 합리적인 수요자와 공급자로 이루어진 종교시장이 기본적으로 공급과 수요의 법칙을 따른다면, 지구화 과정에 편입된 로컬 사회의 종교적 다양성의 증대가 문화적 이질성의 증대로 인한 사회적 갈등과 혼란의 원인으로 단편적으로 규정될 것이 아니라, 종교적 수요자들의 선택의 폭을 넓히는 종교경제의 원동력으로 이해되어야 한다고 이 책은 주장한다. 기존의 연구들이 문화적 정체성의 상실이나 심리적 위기감이나 상실감, 대리만족과 같은 환원적 종교 이해를 통해서 이질적인 종교문화들 간의 우연적 만남이나 인위적 이식을 평가절하한 것과 달리 종교시장의 관점에서 그러한 문화적 만남과 공존은 새로운 문화적 정체성을 건설하고 활력을 낳는 사회적 변화의 정신적 에토스(ethos)를 발현시키는 요인으로 평가할 수 있다. 국내거주 외국인 인구가 대략 200만 명으로 추산되는 한국 사회에서 이슬람, 힌두교, 남방불교, 중국적 민간신앙 등 새로운 종교적 믿음과 행위가 지속적으로 유입되고 있으며, 역으로 한국의 개신교, 불교, 천주교, 원불교, 통일교 등의 수많은 종교단체들도 해외로 자신들의 (선)포교활동 범위를 꾸준히 넓히고 있다. 본 연구는 현대 지구사회에서 발생하고 있는 이러한 이질적 종교들의 상호 침투와 대응 과정 및 그 관계의 본질을 종교시장이론으로 분석하고자 한다.

본 저서의 구성은 크게 두 부분으로 나누어져 있다. 1부에서는 주로 종교시장이론적 관점에서 전체 사회가 종교시장의 효율성 증대를 통해 최소의 비용으로 양질의 종교서비스를 생산할 수 있는 시스템을 구축함으로써 구성원들의 주관적 만족증대를 유발할 수 있는 현대 한국의 종교정책 일반에 대한 방향성을 논하였다. 지구화의 속도가 양적 및 질적으로 점점 가속화되면서 급격히 변하고 있는 한국 사회의 종교적 다양성 수준을 평가하고 종교시장정책의 주요한 이론적 원칙으로서 종교적 관용에 대한 경험적 연구결과들을 소개하고 설명한다. 종교적 자유를 실제적으로 보장하기 위해서는 단순히 명목적 법규 제정이나 폐지에 의존하기보다 종교서비스의 공공재적 특성을 인식하고 종교적 소비자들이 시장에서 더 저렴하고 질 좋은 종교정보를 얻을 수 있는 정보시스템을 정부가 주도적으로 구축하는 것이 더 중요하다는 전제에서 그것의 기대효과를 함께 제시할 것이다. 2부에서는 양심적 집총거부와 국제관계, 종교와 환경, 종교단체의 시민운동 및 인구센서스상의 종교인구통계와 같은 구체적인 주제들을 중심으로 케이스 연구 결과들을 집약적으로 정리한다. 이러한 사회문제들을 일관되고 체계적으로 이해하고 관리할 수 있는 종교시장정책의 일반적 원칙과 기준 및 단계별 대응전략들을 케이스별로 설명한다. 끝으로, 한국 사회의 맥락에서 종교시장정책의 이론적 및 경험적 한계를 분석하고 향후 과제를 제시한다.

본 저서의 원고가 완성되기도 전에 흔쾌히 출판을 허락해 주신 다산출판사의 강희일 사장님께 감사드리며 현장조사와 인터뷰를 허락해 주신 여러 종단관계자들과 주요한 사회적 쟁점들에 대하여 진심어린 학문적 조언과 견해를 피력해 주신 송재룡 교수님 그리고 통계자료의 정리에 도움을 준 성수빈 조교에게도 은혜 입은 바가 적지 않다. 이 외에도 지면을 빌려 도움을 주신 모든 분들께 다시 한번 더 감사함을 전하고 싶다.

:: 차 례

PART 1

PART 1

CHAPTER 01 종교시장정책의 개념

CHAPTER 02 종교다양성과 지구화

CHAPTER 03 종교적 관용과 종교적 자유

CHAPTER 04 종교정보와 시장의 효율성

CHAPTER 01

종교시장정책의 개념

종교시장이란?

종교적 다양성

종교적 관용과 국가이익

종교정보학의 발전

종교시장정책

종교시장이란?

시카고 대학의 사회학자 제임스 콜먼(James S. Coleman)의 *Foundations of Social Theory*(1990)가 출간된 이후 기존에 정치학 · 경제학 · 인류학 등에서 산발적으로만 시도되었던 합리적 선택이론(rational choice theory)의 사회학적 체계화가 폭넓게 학문적 공감을 얻으면서 종교사회학에서도 이러한 이론적 접근을 도입하고자 하는 새로운 추세가 증가하였다. 특히, 베인브리지(W. S. Bainbridge)와의 공저 *A Theory of Religion*(1987)으로 종교현상에 대한 통합적 이론을 정립하고자 했던 로드니 스타크(Rodney Stark)는 로저 핑키(Roger Finke)와 함께 *The Churching of America, 1776-1990: Winners and Losers in Our Religious Economy*(1992)를 출간하면서 식민지 시대 이후 미국에서 흥망성쇠를 거듭한 교단들의 역사적 과정을 종교적 경쟁과 성장전략의 차이로 해석하고 그동안 주목받지 못했던 다양한 종교통계 자료들을 제시하였다. 식민지 시대와 비교하여 오늘날 미국 사회에서 종교인구비율이 세 배 이상 증가한 이유를 그들은 세속화 이론으로는 설명할 수 없음을 강조하고 현대 사회와 종교성의 병행적 발전에 대해 인간의 합리적 종교성에 기초한 종교이론의 정립을 역설했다. 자유로운 종교적 경쟁이 가능한 환경을 가진 미국과 캐나다 사회는 기독교의 독점적 지위를 법제화한 유럽 사회의 변화와는 전혀 다른 길을 보여주었으며, 이러한 발전모델의 차이가 종교경제의 활력을 결정하는 요인이 무엇인지를 정확히 증명하는 것이라고 주장한다.

한편, 로렌스 야나코네(Laurence R. Iannaccone)와 같은 종교경제학자들은 종교적 사고의 경제적 합리성 명제를 더욱 발전시켜 인적자본이론(human capital theory), 가정생산모델(household production model), 종교적 포트폴리오(religious portfolio), 무임승차이론(free-rider theory), 클럽이론(club theory) 등을 종교적 경쟁과 성장 전략의 분석에 적용하고 경제이론의 틀 안에서 종교와 사회의 거시적 및 미시적 관계를 유기적으로 설명하고자 하였다. 이러한 학자들의 공통된 이론적 관심은 종교적 믿음과 행위에 내재한 인간의 자기이익(self-interest) 추구와 경제적 합리성(economic rationality)을 종교현상에 대한 과학적 연구의 기본적 전제로 삼는 것이 얼마나 큰 설명력을 갖는지를 증명하는 데 있다. 1990년대 이후 자본주의적 시장경제의 지구적 통합과 관리의 증대로 인해 종교단체들의 전 지구적 멤버십 증대 및 문화적 경계의 쇠퇴를 배경으로 종교현상에 대한 종교시장이론적 접근을 부분적 또는 전체적으로 수용하는 연구들이 급격히 증대하였다. 미국 종교사회과학회(Society for the Scientific Study of Religion)의 회장이었던 스테픈 워너(Stephen R. Warner)는 그의 기념비적 논문 "Work in Progress towards a New Paradigm for the Sociological Study of Religion in the United States"(1993)에서 위와 같은 새로운 종교사회학적 연구추세를 통칭하여 구패러다임을 빠르게 대체하고 있는 '새로운 패러다임(new paradigm)'으로 명명한 후 그 특징과 주요한 학문적 공헌을 종합적으로 평가하기에 이르렀다. 종교에 관한 새로운 패러다임으로서 종교시장이론이 구패러다임과 다른 점은 이론의 논리적 귀결로서 종교정책론적 함의를 분명하게 포함하고 있다는 것이다. 여기서 '종교정책'이란 단순히 종무행정이나 종교입법원칙, 종교와 정치의 관계성을 의미하는 것이 아니라 전체 사회구성원의 종교적 행복감 또는 주관적 삶의 만족도를 높이는 것을 최종 목적으로 하는 계획적이고 조직적인 종교시장의 효율성 증진방안들을 의미한다. 사회정책의 대상이자 수혜자는 모든 사회구성원을 의미하므로 종교적 자기확인법(religious identification) 여부와 관계없이 정책적 고려의 대상이 된다. 따라서 개신교인 · 불교인 · 천주교인 · 무종교인 · 신종교인들을 포괄적으로 대등하게 취급함으로써 종교적 믿음과 행위가 개개인의 삶의 만족도를 높일 수 있도록 사회나 국가가 계획적인 정책을 추진해야 할 당위성이 있는 것이다. 종교시장이론은 이러한 당위성을 '종교시장'의 개념과 원칙들에 근거하여 이론적으로 정당화시켜 주고 있다. 종교적 믿음과 행위는 결국 종교적 선택의 하나이므로 종교경제적 관점에서 개개인의 선택의 폭을 넓혀 주고, 선택의 자유를 법적으로 보장하고, 선택에 필요한 충분한 정보에 접근 가능할 때에야 비로소 그 종교경제의 효율성은 최대다수의 최대행복을 가능하게 할 것이다.

종교적 다양성

정보통신기술의 발달과 자본주의 경제로의 세계적 통합은 어떠한 로컬사회도 분리되거나 고립된 상태로 국제사회에서 생존할 수 없도록 만들었다. 이러한 지구화 과정에서 필연적으로 야기되는 종교사회학적 쟁점은 역시 종교 간 또는 종교 내적 혼합과 갈등의 문제를 어떻게 이해해야 하는지 그리고 그러한 새로운 관계로부터 파생되는 미래의 변화는 무엇인지를 이론적으로 예측하는 데에 있다.

종교적 다양성(religious diversity)이란 주어진 하나의 기정사실이며, 단순히 이데올로기적 지향성을 내포하고 있는 종교다원주의(religious pluralism)로 환원될 수 없는 것이다. 다원주의자이든 아니든 모든 현대인은 지구화 과정의 영향을 받고 있고, 지구화 네트워크로 연결되어 있으며, 지구사회의 한 구성원으로서 다른 구성원들과 유기적으로 연결된다. 따라서 지구화의 한 산물로서 종교적 다양성의 증대는 로컬사회가 이전에는 경험하지 못했던 이질적이고 낯선 종교문화에 대한 이해를 강요할 뿐만 아니라, 로컬적 종교문화의 지구적 확산은 지구사회를 지탱하는 새로운 문화적 동력으로서 지구사회를 지속적으로 변화시키고 통합시킨다. 기존의 세속화이론이 종교적 다양성의 문제를 단지 종교적 권위의 상대화(relativization)와 사유화(privatization)로 이해하고 단순화시킨 것과 달리 종교시장이론에서 종교적 다양성의 증대는 지구화 과정에서 종교문화의 중요성과 역동성을 또 다시 검증할 수 있는 동시대의 경험적 증거로 이해된다. 그것은 로컬적 종교들의 권위를 상대화시키는 데서 나아가 종교공급 측면에서는 종교적 경쟁의 범위를 새로운 차원으로 확장시키는 것이며, 종교수요 측면에서는 종교적 선택의 폭을 예상하지 못할 정도로 넓히는 결과를 초래하였다.

예를 들어, 한국의 무슬림 인구가 이미 10만 명을 넘어섰고, 일본의 불교계열 신종교인 창가학회는 전국에 200여 개의 회관을 운영하고 있으며, 다양한 개신교계열의 신종교단체들뿐만 아니라 반기독교시민연합과 같은 반종교단체의 회원수도 꾸준히 증가하고 있다. 과거에는 예측하기 힘든 새로운 종교적 다양성의 단계로 한국 사회는 빠르게 변하고 있지만 이러한 종교와 사회의 새로운 관계성의 변화에 대한 분명하거나 합의된 이론적 예측이 우리 학계에는 거의 없다. 종교적 다양성의 문제는 지구화 과정을 겪고 있는 모든 로컬사회가 직면하고 있는 경험해 보지 못한 딜레마이자 새로운 사회적 이슈로서 부상하였다. 따라서 현대 지구사회의 종교적 다양성 문제를 분석하고 해석하기 위해서는 종교시장이론의 관점이 정책론적으로 무엇보다 중요하다.

종교적 관용과 국가이익

종교시장이론의 정책적 목표가 전체 사회구성원의 이익을 증대시키는 것이라면, 민족국가(nation state)의 이데올로기에 부합하는 종교정책이 무엇인지도 구체적으로 규명되어야 한다. 종교정책은 단순히 정권의 이익이나 소수종단들의 이익을 위해 계획되거나 집행되는 것이 아니라 전체 사회구성원, 즉 민족국가적 차원에서의 국가이익을 최우선으로 고려하는 공적 행위이다. 이런 차원에서 종교적 다양성의 증대를 어떻게 국가적으로 관리하고 국제적 관계의 건설적 매개체로서 기능할 수 있도록 할 것인지에 대해 종교시장이론은 많은 함의를 제공한다.

먼저, 불필요한 종교적 규제에 대한 과감한 철폐가 궁극적으로는 국가이익에 기여한다. 종교적 다양성이 증대하면서 종교시장에서 공급자의 경쟁이 증가한다면, 선택의 폭이 넓어진 수요자는 자신들의 특수한 종교적 선호에 부합하는 종교공급자를 찾는 것이 쉬울 것이고 종교적 선택으로 인한 만족감은 더욱 증대될 것이다. 종교적 다양성은 결국 종교시장의 활력을 증대시키고 다양한 공급자와 수요자들 간의 만남을 촉진시킬 것이다. 현대 사회의 급격한 시공간적 통합이 거역할 수 없는 기정사실이라면 종교시장을 폐쇄적으로 유지하고 로컬시장 내의 소수 공급자들에게 특권을 부여하는 방식으로 종교시장을 관리하고자 하는 정책이 실패할 것은 이론적으로 자명한 것이다. 쇄국정책은 정치와 경제적 면에서만 시대착오적인 것이 아니라 문화와 종교적 측면에서도 여전히 시대착오적인 것이다. 종교인들의 종교적 만족도를 높이는 것이 국가이익 또는 전체 사회의 이익에 부합하는 것이라면, 종교적 선택의 폭을 인위적으로 제한하고자 하는 입법 · 사법 · 행정적 규제는 비효율적인 소수종단의 기득권을 유지하는 데 편향됨으로써 국가의 문화적 경쟁력을 감소시킬 것이다.

둘째, 종교적 규제의 실질적 철폐는 종교적 관용의 수준을 높이는 방향으로 종교정책이 변경되어야 함을 의미한다. 종교시장이론의 주장은 종교적 무질서를 만들자는 주장이 아니라 종교적 관용을 증진시키는 방법으로 국가가 종교를 관리해야 한다는 것이다. 종교시장은 기본적으로 시장의 자율적 힘에 따라서 효율적이고 경쟁력 있는 종단(宗團)은 융성하고 비효율적이고 부패한 종단은 퇴출되는 시스템이므로, 국가나 정부의 역할은 시장에 직접적으로 개입하고 판단하는 것이 아니라 종교시장의 효율적 경쟁시스템을 보호하는 데 있다. 경제시장의 논리에 비유하자면, 독과점의 폐해를 막기 위해 공정거래위원회가 관리, 감독 및 과징금을 부과하는 것처럼 종교시장에서도 종교적 독과점의 폐해를 막기 위해 정부나 국가가 일정한 역할을 하는 것이 지구사회의 차원에서 한국의 문화적 경쟁력을 향상시키는 궁극적 방법이다. 대형교회나 사찰, 천주교 사회단체, 실태조사조차 안 된 전국의 수많은 신종교단체들의 경제적 부패, 교직세습, 인권유린, 지역토호들과의 정치적 결탁 같은 종단들의 반사회적 모습은 종교시장 수요자들의 선택을 왜곡시키고 종교적 편향성을 증대시키는 결과를 낳는다. 그것은 단순히 사회적 비효율과 갈등을 야기시키는 것으로 끝나지 않으며 종교적 소수자에 대한 다수자의 억압과 편견을 정당화하는 통로가 될 것이다. 지구사회에서 민족국가의 문화적 정당성을 이제 한두 개의 거대 종교전통으로부터 획득하기는 어렵다. 지구화는 서로 다른 종교전통을 상대화시키면서 동시에 이질적 종교전통에 대한 존중과 관용을 전제하고 있다. 이런 차원에서 로저 핑키(Roger Finke)와 브라이언 그림(Brian Grim)은 그들의 저서 *The Price of Freedom Denied*(2011)에서 종교적 관용의 정도가 높은 나라들에서 사회적 평화가 훨씬 더 장기적이고 중요한 것이었으며, 종교적 규제가 강한 나라들에서는 물리적 분쟁과 폭력 등의 사회적 갈등이 훨씬 더 빈번하게 발생했음을 다양한 양적 자료들의 통계분석으로 증명한 바 있다.

셋째, 종교적 관용정책은 국가적 차원뿐만 아니라 국제적 차원에서 해결되어야 하는 문제들에도 크게 기여할 수 있다. 오늘날 종교단체들이 설립한 각종 NGO들이 민족국가의 범위를 넘어서 있는 기아, 재난, 난민, 환경, 심지어 국가 간 및 민족 간 전쟁에도 깊숙이 개입되어 주요한 역할을 담당하고 있다. 정책의 수립과 집행에 비교적 오랜 시간이 걸리는 민족국가의 현실적 한계를 극복하고 전지구적 네트워크를 가진 탈국가적인 종교적 NGO들의 신속하고 효율적인 대응시스템은 한국의 소극적 종교정책을 근본적으로 재검토할 것을 촉구하고 있다. 이슬람이나 힌두교를 제외하고도 한국에서는 소수종교(minority religion)로 다양한 사회적 편견에 시달리고 있는 여호와의 증인들, 몰몬교, 창가학회 등은 국제적으로는 약 천만 명 이상의 열성 회원을 보유한 거대 종단들이다. 한국적 관점에서 그들은 소수종교이나 국제적 관점에서는 한국 불교나 한국 개신교 종파들보다 신자 수 규모가 훨씬 더 큰 종교들이다. 적어도 멤버십의 관점에서만 보면 그렇다. 국가가 국내적 기준에서만 소수의 거대종단들에게 과도한 공적 정당성을 부여하고 반대급부로서 정치적 및 도덕적 지지를 받는 대신에, 국내 종교시장에 존재하는 다수의 소수종교들에 대해서는 제도적 및 법적으로 부당한 간섭과 차별을 가한다면 그것은 세계 종교시장에서 한국의 체제정당성을 심각하게 상실하는 결과를 낳게 될 것이다. 미 국무부 산하 국제종교자유위원회가 대통령과 의회에 매년 보고하는 2013년 연례보고서(International Religious Freedom Annual Report)는 종교적 소속, 믿음 및 관행으로 인한 사회적 차별과 남용이 한국에 존재한다고 규정하고 매년 양심적 집총거부자를 투옥하는 상황을 심각하게 우려하고 있으며 대체입법의 제정을 주미대사관을 통해 적극적으로 촉구하고 있다. 또한, 양심적 집총거부로 전 세계에서 투옥된 여호와의 증인들 중에서 92.5%가 한국 국적자이며 이에 대해 유엔인권고등판무관(UNHCHR) 역시 대체복무를 권고하였다고 한다.

종교정보학의 발전

종교시장정책론의 구체적 방안으로서 최근 종교정보학(Information science of religion)의 빠른 발전을 이해할 필요가 있다. 종교시장이론의 정책론적 함의가 회자되기 이전에는 World Christian Encyclopedia, World Christian Trends, The Yearbook of American and Canadian Churches처럼 주로 개신교 전통에서 종교단체들의 현황과 그 계보를 조사 및 수집하고 기록한 것들이 대부분이었다. 그러나 종교적 다양성의 증대에 부합하는 포괄적이고 통합적인 종교데이터베이스 또는 종교아카이브들의 필요성이 서로 다른 학문적 배경을 가진 많은 종교사회학자들로부터 새롭게 제기되기 시작했다. 지난 30년간 약 90개국의 조사 자료를 제공하는 World Values Survey, 44개국 38,000명을 조사한 Pew Global Attitude Project의 Pew Data, 최신 GIS(Geographic Information System)기술을 응용한 ARDA(American Religion Data Archive) 등은 종교 관련 자료를 나라별 또는 종교별로 가장 풍부하고 손쉽게 획득할 수 있는 정보자원(Information Resources)으로 기능하고 있다.

종교 공급자와 소비자의 합리적 선택을 가능하게 하는 기본적 조건으로서 종교정보인프라의 구축은 시장참여자들의 정보불균형 및 정보부재로부터 발생하는 종교적 선택의 왜곡현상을 예방하는 역할을 한다. 과거 종교적 정보에 접근이 어려운 상황에서 직관적인 종교 선택으로 개인과 사회가 시행착오를 거듭하고 비효율적 시장구조가 사회를 혼란스럽게 했던 반면에, 오늘날에는 쉽고 간편한 양질의 정보를 제공받을 수 있는 종교시장의 형성으로 종교적 자유를 가진 모든 사회구성원은 자신의 선호에 적합한 종교적 선택을 추구한다. 이런 측면에서 종교적 다양성이 증대될수록 종교정보학의 중요성과 필요성도 함께 증대될 것이며, 결국 전체 사회구성원들의 종교적 행복과 만족감을 높이는 데에 저렴하고 질 좋은 종교정보인프라의 구축이 크게 기여할 것이다.

종교시장정책

앞으로 구체적으로 논의되겠지만 본 저서의 주요한 내용으로 포함될 자료들은 다음과 같은 몇 가지 사실로부터 한국의 종교정책을 수립하고 전개하는 데 기여할 것이다.

첫째, 종교시장정책론은 국제적 추세에 맞는 한국 종교정책의 구체적인 목적과 그 전략적 기술에 대한 실제적 연구이며, 그에 대한 이론적 뒷받침을 제공한다. 대표적으로 문화체육관광부 산하 종무실은 "종교정책은 없고, 종무행정만 있다."고 공언하면서도 사실상 헌법상 정교분리의 원칙을 어기고 개신교, 불교, 천주교, 유교, 원불교와 같은 소수 거대종단에 매년 적지 않은 금액을 정부예산으로 지원하고 있다. 이처럼 간접적 세제지원과는 별도로 직접적인 재정지원을 하면서도 자신들의 정책적 방향성을 뚜렷하게 갖고 있지 못한 것은 한국 정부의 종교정책적 무능과 방임을 여실히 보여주는 것이다. 종교시장정책론은 정부가 지구사회에서 종교를 어떻게, 왜, 누구를 위해 관리하고 파악해야 하는지를 분명하게 제시하고 있으며, 전체 사회와 지구사회의 이익을 위해 한국의 종교정책이 향후 어떻게 변화되어야 하는지를 이론적으로 예측하는 데 기여할 것이다. 기존의 종무실 행정이 단순히 정권의 이익을 수호하고 종교단체들의 정치화를 도모하기 위한 도구에 불과한 것이었다면, 오늘날의 종무실은 종교경쟁시스템을 관리 감독하기 위한 특별한 시장감찰기구로서의 역할이 요청된다.

둘째, 종교연구의 사회적 가치를 제고한다. 그동안의 종교연구와 제 결과들이 종교의 사유화와 상대화에 치중한 나머지 종교 그 자체의 공적 역할에 대해서는 별다른 관심이 없었다. 그러나 인문학과 사회과학의 접점에 위치한 종교연구가 정보학 또는 통계학과 방법론을 공유함으로써 그 연구내용의 객관성과 정확성을 제고하고 종교적 편향성을 통제할 수 있는 기술적 방법을 확보하게 되었다. 연구자 개인의 취미나 종교성에 기초한 기존의 많은 종교 연구들이 호교론이나 배교론으로 쉽게 극단화됨으로써 종교연구가 타종교에 대한 이해와 관용의 수준을 높이는 데 기여하기보다 불필요한 종교

세력 간 사회갈등을 유발하고 확대재생산하는 잘못을 범하였다. 종교공급자 간 공정한 경쟁과 종교수요자의 합리적 선택을 강조하는 종교시장정책론은 종교 일반에 대한 학문적 연구의 사회적 필요성과 과학적 정합성에 대한 인식을 증진시킴으로써 종교연구의 공적 역할을 제고시킬 것이다.

셋째, 사회현상으로서의 종교에 대한 융복합적 연구 가능성을 실질적으로 보여줄 수 있다. 종교연구를 단순히 철학이나 사상사의 하나로 취급하던 인문학적 접근법과 사회학 · 인류학 · 심리학적 방법론을 종교현상에 단편적으로 적용한 사회과학적 접근법은 모두 종교연구의 학제적 연구를 소홀히 취급하면서 환원주의 논쟁에 몰두하는 시대착오적 영역다툼을 해 왔다. 반면에 종교시장정책론은 개념논쟁이나 교리적 사상사 및 방법론 논쟁에 의존하기보다 종교적 관념과 교리의 행태론적 본질, 종교적 태도와 행위의 유형화, 종교제도와 조직의 사회적 역동성을 중심으로 경험적 현실과 이론적 체계의 일관성을 추구하고자 한다. 따라서 경제학적 · 사회학적 · 심리학적 · 정치학적 · 통계학적 방법론을 다양하게 사용하면서도 합리적 선택이론의 이론적 가정들이 오늘날의 경험적 현실들을 논리적으로 일관되게 설명할 수 있는지에 더 큰 관심을 둔다. 오늘날의 종교연구가 지구화 과정의 동력이자 산물로서 급변하고 있는 종교현상에 대응하여 경험적 설명력과 이론적 예측력을 겸비하기 위해서는 융복합적 연구영역의 개발은 단기적인 유행이 아니라 이미 필수적인 종교연구의 패러다임이 되었다. 지난 한 세기를 풍미했던 철학적 및 역사적 종교연구의 한계를 탈피하여 본 연구는 여러 가지 사회과학적 방법론에 기초하면서도 종교적 요인의 독립성과 자율성을 강조하는 맥락에서 한국의 종교연구사에 기여할 것이다.

CHAPTER 02

종교다양성과 지구화

이론적 관점

정책적 관점

오늘날 한국 사회가 겪고 있는 종교다양성(religious diversity)의 문제는 지구화(globalization)라는 사회적 환경에 대한 적응과정에서 야기된 종교 내적 및 종교 간 경쟁과 상호작용에 기초한 사회문제이다. 그것은 단순한 국제관계나 민족국가의 국제적 행위로 환원되지 않는, 그리고 그러한 민족국가 이데올로기를 넘어서 존재하는 사회 또는 공동체로서 하나의 지구사회(global society)를 묵시적으로 전제한 사회적 사실에 해당한다. 지구화의 동인(動因)이 자본주의 시장경제적인 것이든 정치적인 것이든, 아니면 이상적 평화사상에 기초한 것이든 그것도 아니면 급속히 발전하고 있는 IT기술에 의한 것이든 한국 사회의 구성원을 포함한 모든 종교는 지구사회가 부과하는 새롭고 다양한 외적 조건에 영향을 받지 않을 수 없고 또 그에 대응하지 않을 수 없는 처지에 놓여 있다. 사실 이 책에서 거론되는 모든 주제들은 '지구화 시대의 종교다양성'을 전제한 논의들이고 또한 그런 맥락에서만 종교사회학적으로 이해될 수 있다. 그것의 개념적 특징에 대해 좀 더 구체적으로 설명해 보자.

먼저, '지구화 시대의 종교다양성'이란 종교 내적 다양성을 배제하지 않는다. 예를 들면, 다신론에 기초한 것으로 잘 알려진 힌두교에는 지역마다 다른 기능을 가지고 다른 방식으로 숭배되는 수많은 신들이 존재한다. 이를 두고 맥길대학(McGuill University)의 저명한 비교종교학자 아르빈드 샤르마(Arvind Sharma)는 이렇게 말한다(2011: 314). "종교로서 힌두교는 그것의 구원론적 다양성을 포함하여 모든 면—지역적 · 언어적 · 경전적 · 의례적 차원 등—에서 다양성으로 특징지을 수 있다." 힌두교의 내적 다양성과 타종교에 대한 개방적 태도는 물론 종교다양성의 한 측면을 잘 보여주고 있고, 전문적인 종교연구자들이 아니라도 이러한 내적 다양성은 기독교나 불교와 같은 여타의 종교들에서도 어렵지 않게 발견할 수 있다. 기독교의 조직신학에서 핵심적 주제들로 분류되는 구원론, 교회론, 인간론, 신론과 같은 교리내용에서도 통일되고 일관된 해석원칙이나 결론보다는 수많은 교파나 종파별로 다양한 교리를 믿고 있다. 그러나 종교사회학적 차원에서 위와 같은 종교의 내적 다양성이란 다른 사회현상들과 고립되고 차별화된 특수한 사실이 아니라 지구적 차원에서 다른 요소들과 지속적으로 상호작용을 하면서 진화하고 변화하는 종교 내의 전통적 요소들로 이해될 수 있다.

둘째, '지구화 시대의 종교다양성'이란 하나의 사회구조적 사실이다. 개인적 수준을 넘어 하나의 구조적 사실로서 그것은 종교들의 사회관계가 사회적 상호작용 및 상호의존을 통해서 지속적으로 재생산되고 확산되는 과정을 포함한다. 자연생태계에서 하나의 생물자원이 소멸하거나 지나치게 번성하면 전체적인 생태계를 파괴할 위험이 있는 것처럼 모든 종교들이 거시적 체계 내에서 구조적으로 상호 밀접히 연결되어 있다는 일종의 '종교생태계(religious ecosystem)'를 상정하고 있다. 이런 면에서 종교다양성을 종교인들이 교리적으로 어떻게 해석하고 대응하든 그것은 그 사회적 사실에 대한 하나의 종교적 태도이며, 그 또한 종교다양성의 한 측면에 불과한 것으로 이해될 수 있다. 종교생태계 개념은 기존의 종교사회학이론에서 보자면 종교들 간의 완전경쟁이 실현된 종교시장시스템을 의미할 것이다. 종교생태계 내에서 변화된 환경에 적응하지 못하고 소멸하는 종교도 있을 것이고, 새로운 환경에 완전히 적응하고 안정적 성장을 유지하는 종교도 있을 것이다. 하지만 종교생태계의 가장 중요한 정책적 함의는 종교시장시스템과 마찬가지로 생태계나 시장체계를 인위적으로 훼손하는 외부의 개입을 가능한 한 제거하는 것이 그 시스템의 정상적 작동을 위해서 중요하다는 점이다. 즉, 종교시장에 존재하는 서로 다른 수많은 종교들이 단절되고 고립된 개체로서 존재하는 것이 아니라 상호 유기적으로 연결된 공생적 관계의 개체들로서 시장에 일정한 균형이 존재할 때 지속가능한 시스템이라고 할 수 있다.

특히 종교다원주의나 종교 간의 대화와 같은 기존의 논의들이 개별적 종교전통의 기본적 틀을 허물지 않는 차원에서 종교다양성 문제를 이해하고자 한 것인 반면에, 지구화 시대의 종교다양성 문제는 종교전통들 간의 경계가 더욱 더 모호해질 뿐만 아니라 '종교'의 개념과 유형, 기능과 역할, 다른 사회제도와의 관계성 등이 급격히 변하고 있다는 인식으로부터 제기된 반성적 논의들이다. 따라서 여기서 논의되는 종교다양성 문제는 기존의 종교 개념에서 보자면 어쩌면 탈(脫)종교적 또는 반(反)종교적이면서 초(超)종교적인 사회적 사실에 대한 정책적 담론일 것이다.

셋째, '지구화 시대의 종교다양성'이란 이데올로기적 개념이 결코 아니다. '다양성 존중'의 이념은 공산주의나 자본주의와 같은 과거의 양자택일적이고 양육강식적인 근대적 이데올로기를 탈피하고, 전체 인류의 평화적 공존방식으로서 하위문화, 개별 조직 및 개인의 자발성과 자율성을 장려하고 지향하는 탈근대적 가치관이다. 예를 들어, 자연과학분야에서는 개체의 생존가능성을 증대시키는 물리적 환경에 대한 진화적 적응방식으로 유전자다양성(genetic diversity), 종(種)다양성(species diversity), 생태계다양성(ecosystem diversity)의 세 수준에서 이해되는 생물다양성(biodiversity)이 일상적 용어가 되었으며(최재천, 2010: 13-14), 미국, 캐나다, 호주와 같은 다인종이민사회의 경우 그 사회의 생존을 위해 다문화주의(multi-culturalism)정책을 추구하고 있고, 유럽 사회는 미국의 문화상품들에 의해 자신의 고유한 문화적 정체성이 말살되지 않도록 'UN문화다양성협약(Convention on the Protection and Promotion of the Diversity of Cultural Expressions)'의 체결과 발효를 주도하였다.

이러한 추세를 선도하고 있는 주요한 국제적 연구들로는 하버드대학의 다원주의 프로젝트(Pluralism Project), 버지니아연방대학교의 세계종교와 영성 프로젝트(World Religions & Spirituality Project) 및 캐나다 오타와대학의 종교와 다양성 프로젝트(Religion and Diversity Project) 등이 있으며, 주요한 연구센터들로는 콜롬비아대학의 종교, 문화 및 공공생활 연구소(The Institute for Religion, Culture, and Public Life), 조지타운대학의 버클리센터(Berkley Center) 및 영국 브리스톨대학의 민족성과 시민성 연구센터(Centre for the Study of Ethnicity and Citizenship) 등이 있다.

거시적으로 보면 이제는 사회제도, 경제제도 및 정치제도에서도 '공존, 상생(相生) 또는 동반성장의 원리'가 강조되고 있고, 제도권 밖에서도 지역적 다양성에 기초한 풀뿌리 민주주의, 직종별 다양성에 기초한 협동조합, 사안별 다양성에 특화된 시민운동에 이르기까지 현대 시민사회 전반을 통제하는 하나의 구성적 원리이자 존재론적 목적으로 다양성 가치가 기능하고 있다. 간단히 말하면, 여기서의 종교적 다양성은 모든 사회문화적 맥락을 초월하여 획일적으로 추구되어야 하는 맹목적 이데올로기가 아니라, 서로 다른 사회적 개체들이 사회적 환경에 더 적합한 방식으로 상호작용하고 공존해 가는 구조적 현실을 의미하는 것이다.

이론적 관점

이러한 개념적 중요성과 시대적 긴급성에도 불구하고 종교다양성에 관한 논의가 한국의 학계에서 크게 주목받지 못하는 데에는 여러 가지 이유가 있을 것이다. 다만, 이 책에서 집중하고 있는 정책적 측면에서만 보자면 그것은 종교적 다양성에 관한 체계적이면서 거시적인 종교정책의 중요성을 주장하는 종교사회학적 이론의 부재에 기인한 면이 크다고 할 수 있다. 특히, 지난 세대 동안 종교사회학의 지배적 패러다임으로 기능했던 세속화이론은 기본적으로 종교적 다양성의 증대를 세속화의 결과로 이해했기 때문에 그와 관련한 정책적 문제들을 논의할 수 있는 충분한 이론적 플랫폼을 제공할 수 없었다(유광석, 2013: 63-64, 2014a: 78). 반면, 종교다양성 문제를 세속화의 결과가 아니라 인간성에 내재한 합리성의 발현으로 간주하고 그 원인을 종교적 공급과 수요의 원칙에서 찾고자 하는 종교시장이론은 종교다양성 문제에 새로운 시각을 제공하면서 종교다양성 그 자체를 사회적 변화의 동력이자 사회적 자원으로 설명할 수 있는 이론적 틀을 마련해 주었다.

다원주의 명제(pluralism thesis)로 집약되는 종교시장이론의 종교다양성 이해는 다양성이 경쟁을 촉진시킴으로써 종교시장을 전체적으로 효율적이고 역동적으로 만든다는 것이다. 지구화 과정에서 종교다양성은 더욱 증대할 수밖에 없고 종교적 진리와 권위의 정당성은 상대화되고 모든 종교는 종교시장에 존재하는 많은 종교서비스 중의 하나로 인식된다. 종교시장에서 독점적 지위를 법제화하거나 제도화하는 것은 종교적 참여수준을 감소시키고 오히려 사회구성원들의 종교적 만족도를 떨어뜨리는 것이다. 하지만 자유롭고 공정한 경쟁이 가능한 종교시장의 형성은 지구화 시대의 종교다양성 경험과 이론적으로 적절히 부합될 수 있다. 이처럼 종교시장이론은 이론적으로나 정책적으로 명백히 다원주의를 추구한다. 물론 이때의 다원주의란 모든 종교에 궁극적 진리나 구원으로 가는 길이 있을 수 있다는 종교다원주의를 의미하는 것이 아니다. 여기서의 다원주의 명제는 종교다원주의와는 직접적으로 아무런 관련성이 없으며, 학문적 배경이나 논리도 전혀 다른 것이다. 전자는 시장의 법칙에 근거한 경제적 효율성의 측면에서 종교시장 내에 공급자의 수가 충분히 많아야 한다는 것이고, 후자는 궁극적 실재나 힘에 대한 불가지론적 인식에 근거한 신학적 입장이나 태도를 의미하는 것이다. 종교시장이론에서 다원주의 명제는 사회의 효율성을 떨어뜨리고 궁극적으로 사회구성원 전체의 주관적 만족도를 감소시키는 독점적 또는 과점적 종교시장을 이론적으로 거부함으로써 종교시장구조의 다원주의를 추구한다는 것을 의미할 뿐이다. 궁극적 실재나 존재에 대한 어떤 신학적 태도를 반영한 것이 아니다.

하지만 1980년대 종교시장이론을 건설하는 데 주도적 역할을 했던 로드니 스탁(Rodney Stark)은 최근 들어 자신의 신학적 입장을 강하게 반영한 여러 권의 저서들을 출간함으로써 오히려 종교시장이론의 미시적 기초인 합리적 선택이론(rational choice theory)을 매우 개신교 편향적인 방향으로 해석하고 있다. 물론, 오늘날 종교시장이론은 더 이상 소수 종교사회학자들의 전유물은 아니며 이미 다양한 분야의 종교연구들에 의해 서로 다른 맥락에서 변형되고 수정된 방법으로 활용되고 있다.

뒤르켐(E. Durkheim)을 따르는 전통적 종교사회학에서는 종교다양성의 증대가 사회적 통합에 장애가 되는 요인으로 이해되거나, 벨라(R. Bellah)처럼 그 사회의 종교다양성 현실을 수렴하는 하나의 도덕적 및 윤리적 지향성의 기초로서 '시민종교(civil religion)'를 발견할 수도 있을 것이다. 그러나 지구화 과정의 산물로서 종교다양성은 그런 고전사회학적 전통에서 추구한 사회통합적 요인들로는 포괄하기 어려운 사회갈등적이고 해체적인 요소들이 혼재되어 있고 그런 면으로 적지 않은 영향력을 미치고 있다. 예를 들어, 한국의 조상숭배를 강하게 부정했던 한말 기독교의 경우처럼 국가주의를 정면으로 부정하고 병역을 거부하는 여호와의 증인들(Jehovah's Witnesses)이나 대량살상 무기에 의한 전쟁을 부정하는 창가학회(SGI), 다른 종교들을 사회에서 제거해야 할 이단으로 공격하고 배척하는 개신교 근본주의자들, 그리고 모든 종교적 요소를 공적 제도에서 배제시키려는 세속주의자들, 한국 사회보다는 자신들의 민족종교(ethnic religion)에 귀속의식을 더 강하게 느끼는 외국인 노동자들과 같은 다양한 종교인들의 사회적 및 국가적 태도에서 거시적 측면의 통합적 수렴이나 미시적 차원의 공통된 도덕적 기초를 발견하기는 거의 불가능에 가깝다.

불행한 것은 한국 사회 내에 존재하는 이러한 종교다양성 요소들을 문화적으로 주변화시키거나 동화시키고자 하는 이분법적 문화정책이 그동안 너무 당연시되어 왔다는 점이다. 종교다양성은 문화정책의 범위와 중복되는 면도 있긴 하지만 종교다양성 그 자체가 하나의 새로운 문화를 창조하는 경우도 얼마든지 있다는 것을 간과하고 있다. 유럽과 달리 미국이나 캐나다는 일관된 문화정책이 현재의 다문화사회를 창조한 것이라기보다는 신대륙 이민자들의 종교다양성이 지금의 다문화정책을 점차적으로 필요로 한 것이 아닌가? 어설픈 문화정책으로 종교시장에 정부가 의도적으로 간섭하고 개입할 때 종교시장의 자율적 힘이 크게 왜곡되고 훼손됨으로써 오히려 디 큰 사회적 혼란을 일으킬지 모른다.

정책적 관점

그렇다면 지구화 시대의 종교적 다양성 문제는 정책적으로 왜 중요하고 어떤 의미를 갖는 것인가?

첫째, 종교적 다양성의 증대는 이제 거부할 수 없는 사회적 조건이 되었다. 전 세계에서 가장 세속적인 사회로 알려진 유럽 사회에서조차 공적 영역으로 종교가 회귀하고 있는 사례들이 자주 보고되고 있다. 예를 들면, 세속적 자유주의와 평등주의 이념에 기초한 프랑스 최고행정법원은 최근 무슬림 여인들의 히잡(hijab) 착용은 그들이 교사나 공무원으로 취직하거나 시민권을 취득하는 데 정당한 장벽이 될 수 있다고 판시했다(Bernhold, 2008b). 흥미로운 것은 이러한 결정에 대해 프랑스 가톨릭교회는 프랑스 헌법의 근간인 종교적 자유와 평등에 대한 위반으로 그 결정을 비난하고 오히려 무슬림의 권리를 보호하는 데 앞장서고 있다는 점이다(Bernhold, 2008a). 이처럼 이전에는 경험하지 못했던 종교적 다양성 문제에 대해 프랑스 시민사회가 대응하는 방식은 매우 단편적인 사례에 불과한 것이고, 한국의 공법(公法)영역에서 추상적으로 규정된 공직자의 종교적 중립 및 종교차별금지의무의 사회적 적용방식과는 다른 점이 많을 것이다. 하지만 그들 모두가 지구화 과정의 산물로서 그 관계성이 더 복잡해지고 있다는 점과 이해당사자 모두를 만족시킬 수 있는 명쾌한 해결책이 없다는 점은 공통된 것처럼 보인다.

둘째, 지구화 시대에 종교적 다양성 문제는 더 이상 '종교'라는 특수하고 고립된 사회적 현상을 전제하지 않는다. 특히, 종교적 정체성이 전혀 다른 외국인 거주자의 증가로 인해 한국 사회는 새로운 차원의 종교적 틈새시장들이 역동적으로 변하고 있다. 서남아시아 이슬람, 남방불교, 힌두교, 바하이교, 파룬궁, 뉴에이지, 라엘리언 운동, 아시아 가톨릭, 중국의 민속종교, 창가학회나 천리교와 같은 일본신종교 등의 빠른 성장은 서구사회의 세속적 종교문화와 함께 한국의 종교적 다양성 수준을 양적으로나 질적으로 더욱 복잡하게 만들고 있다. 예를 들어, 2016년 한 해 동안 98만 명의 무슬림 관광객들이 한국을 방문하고 할랄 음식을 요구하는 기사도 있고(동아일보, 2017.2.2.), 국내에 거주하는 약 100,000명의 무슬림들을 대표하는 이태원의 모스크는 터키 종교성의 지원 아래 대규모 재건축을 준비하고 있다. 주로 파키스탄과 방글라데시, 네팔과 같은 남아시아 무슬림들이 많은 한국의 이슬람은 1990년대 이후 꾸준히 증가하면서 종교, 문화, 인종, 언어적 이질감을 심화시킬 뿐만 아니라, 2011년 수쿠크 채권법의 도입을 둘러싸고 전개된 보수적 개신교파와 정부 간의 갈등은 국가 간 금융거래조차 종교적 다양성에 대한 인식과 태도에 따라 변화될 수 있음을 증명한 사례이다(경향신문, 2011.2.18.).

〈표 2-1〉은 퓨리서치센터(Pew Research Center)에서 전 세계 200개국을 대상으로 조사한 『지구적 종교분포(*The Global Religious Landscape*)』 보고서에서 추산한 국가별 종교다양성 지수(Religious Diversity Index: RDI)를 보여주고 있다.[01] 한국은 전체 200여 개국 중에서 7번째로 종교다양성 지수가 높은 사회로 조사되었고, 미국은 물론이고 서유럽 주요 나라들보다 훨씬 더 높은 종교적 다양성을 가진 사회라는 이 조사결과는 상식적 수준에서의 기대와는 매우 다른 결과라고 할 수 있다. 즉, 조사방법의 타당성에 대한 논의는 별개로 하더라도 우리 사회가 전 세계의 다른 어느 사회보다 단일

01 www.pewforum.org/2014/04/04/religions-diversity-index-scores-by-country/(2019년 3월 18일 접속)

〈표 2-1〉 국가별 종교다양성 지수(Religious Diversity Index: RDI)

국가	RDI	개신교	무슬림	무소속	힌두	불교	민속종교	기타	유대교	2010 총인구
싱가포르	9.0	18.2%	14.3%	16.4%	5.2%	33.9%	2.3%	9.7%	<0.1%	5,090,000
베트남	7.7	8.2%	0.2%	29.6%	<0.1%	16.4%	45.3%	0.4%	<0.1%	87,850,000
대만	8.2	5.5%	<0.1%	12.7%	<0.1%	21.3%	44.2%	16.2%	<0.1%	23,220,000
수리남	7.6	51.6%	15.2%	5.4%	19.8%	0.6%	5.3%	1.8%	0.2%	520,000
토고	7.5	43.7%	14.0%	6.2%	<0.1%	<0.1%	35.6%	0.6%	<0.1%	6,030,000
기니	7.5	19.7%	45.1%	4.3%	<0.1%	<0.1%	30.9%	<0.1%	<0.1%	1,520,000
한국	**7.4**	**29.4%**	**0.2%**	**46.4%**	**<0.1%**	**22.9%**	**0.8%**	**0.2%**	**<0.1%**	**48,180,000**
중국	7.3	5.1%	1.8%	52.2%	<0.1%	18.2%	21.9%	0.7%	<0.1%	1,341,340,000
일본	6.2	1.6%	0.2%	57.0%	<0.1%	36.2%	0.4%	4.7%	<0.1%	126,540,000
프랑스	5.9	63.0%	7.5%	28.0%	<0.1%	0.5%	0.3%	0.2%	0.5%	62,790,000
스웨덴	5.4	67.2%	4.6%	27.0%	0.2%	0.4%	0.2%	0.2%	0.1%	9,380,000
독일	5.3	68.7%	5.8%	24.7%	<0.1%	0.3%	<0.1%	0.1%	0.3%	82,300,000
영국	5.1	71.1%	4.4%	21.3%	1.3%	0.4%	0.3%	0.8%	0.5%	62,040,000
미국	4.1	78.3%	0.9%	16.4%	0.6%	1.2%	0.2%	0.6%	1.8%	310,380,000

민족에 의한 인종적 및 문화적으로 동질성이 높은 사회라고 믿어왔던 그 오래된 믿음이 이제 종교사회학적으로 재검토되고 재검증될 필요가 있음을 이 조사결과는 시사한다. 이러한 맥락에서 지구화 시대에도 그것은 지속가능한 전통이 될 수 있을 것인가? 문화적 동질성에 기초한 기존의 문화정책들은 종교다양성의 증대와 어떤 관계성을 정립할 수 있을 것인가? 종교다양성에 기초한 한국적 종교정책(넓은 의미로 문화정책)은 어떤 이론적 근거와 정당성에서 추구되어야 할 것인가? 이와 같은 수많은 사회적 및 정책적 문제들이 종교다양성에 기초한 한국 사회의 현재와 미래를 결정하기 위해 먼저 고려되어야 하는 것이다.

한편, 한국의 토착문화와 상호작용하면서 수천, 수백 년의 전통을 가진 불교 및 기독교와는 달리, 최근에 유입된 외래종교들의 대부분은 외국의 토착문화와 인종적 정체성을 수반한 민족종교(ethnic religion)들이라는 점에서 종교다양성에 대한 새로운 이론적 및 정책적 접근법을 찾는 문제를 더 어렵게 만들고 있다. 지구화 시대에 종교다양성 문제란 다른 영역과 고립된 하나의 사회현상이나 문화현상으로 환원될 수 없는 다양한 얼굴, 즉 인종적 특수성, 인권이나 평등권과 같은 정치적 문제, 경제적 자원 및 계급의 이동, 환경, 관광 및 국제교류, 심지어 보건 및 의료 분야 등을 모두 포함하고 있기 때문이다. 인적 및 물적 교류가 빈번하지 않은 사회에서 종교들은 독자적 영역을 구축하고 사회적 상호관계를 스스로 통제 및 관리할 수 있었던 반면에, 지구화 시대의 종교들은 내적 다양성의 증대로 인해 야기되는 자기분열과 자기모순의 문제에 직면할 뿐만 아니라, 외적으로는 기존의 토착문화나 기성종교들과는 전혀 다른 종류의 인종적 · 정치적 · 경제적 종교들과 경쟁하고 관계를 설정해야 하는 복잡한 상황에서 그들에 대한 통제력을 상실하고 있다. 예를 들어, 한국기독교총연합회(한기총)가 2017년 신년계획을 밝히면서 한기총이나 한국교회연합(한교연)이 추진해야 할 가장 시급한 과제로 신천지, 이슬람 및 동성애에 대한 강력한 반대임을 공언한 것을 보면(크리스천투데이, 2017.2.2.), 과거의 주적(主敵)이었던 공산주의나 토속신앙의 척결보다 더 중요한 문제로 위 사안들을 인식하고 있고 그런 사안들에 대해 보수적 개신교계의 통제력이 이전과는 매우 다르다는 점을 보여주고 있다. 개신교뿐만 아니라 한국 사회에 보고된 800여 개의 종교단체들 모두에게 증가하는 내적 및 외적 다양성과 정체성의 변화는 잠재적 갈등요소이면서 동시에 변화와 탄생의 역동적 요소를 함께 내포하고 있다는 면에서 정책적 대응이 요구된다. 따라서 지구화 시대의 종교다양성에 대한 고려는 종교문화진흥, 전통문화의 보전과 발전, 문화융성, 관광문화산업의 촉진처럼 기존의 문화정책들에서 더 나아가 종교사회학이론에 근거한 포괄적이고 거시적인 종교정책으로 새롭게 개편되어야 한다.

셋째, 종교다양성 문제는 지구사회의 새로운 사회윤리로서 다양성 지향 또는 다양성 극대화라는 시대적 이념의 한국적 적용을 종교사회학적 관점에서 모색하는 것이다. 지구화의 결과로 이전에는 경험하지 못했던 수준의 다종교적 현실에 직면한 한국 사회는 이러한 다양성 가치나 이념을 정책적으로 구현하고 실현할 수 있는 이론적 근거를 필요로 하지 않을 수 없다. 한국의 종교시장에 다양한 종교서비스가 존재하기 위해서는 실제적으로는 경쟁적 시장시스템을 요구하지만, 이념적으로는 경쟁적 종교시장의 존재근거가 무엇인지를 먼저 정립할 필요가 있기 때문이다. 정책이란 단순히 기술적이거나 전략적인 방법들을 의미할 뿐만 아니라 분명한 목적과 그 목적에 대한 이념적 정당성을 수반해야 한다는 점에서 지구화 시대 한국의 종교정책은 단순히 국내 종교시장에 관한 소극적 관리로 제한되기보다는 지구사회의 시민윤리로서 다양성 가치와 이념을 종교시장 이외의 다른 분야에 확산시킬 수 있는 적극적인 방안을 포함해야 한다. 이처럼 다양성 원리에 기초한 한국 종교시장정책의 핵심적 목표는 종교시장에 존재하는 독과점적 요소를 제거하고 다양한 공급자들 간의 경쟁을 통해 다양한 종교적 선호를 가진 소비자들의 종교적 필요를 만족시키는 데 있다.

특히 한국 종교시장의 과점적 구조에 대한 지적은 기존 연구들에서도 여러 가지 측면에서 지적된 바 있으며 적지 않은 시장의 왜곡을 낳고 있다(류성민, 2009; 김정수, 2013; 유광석, 2014a). 이러한 진단이 〈표 2-1〉에서 설명한 퓨리서치센터의 다양성 지수와 일견 모순되는 것처럼 보이지만, 다양성 지수(RDI)는 종교시장의 수요와 공급 전체를 포괄적으로 고려하여 측정한 지수인 반면에 허핀달-허쉬만 지수(Herfindhal-Hirschman Index: HHI)와 같은 독과점 측정법은 시장공급자들의 시장점유율만을 고려한다는 면에서 서로 다른 개념들이다. 한국처럼 전체인구의 약 57%(2015년 인구센서스 기준)에 달하는 '종교 없음' 인구를 HHI 지수는 고려할 수 없기 때문에 한국인 전체의 종교적 다양성을 측정하는 기준으로는 적합할 수 없다. 좀 더 부연하자면, 한국적 현실에서 '종교 없음' 인구는 종교적 수요가 전혀 없는 인구를 의미하는 것이 아니라 매우 복잡한 종교적 특성을 가진 복합적 범주이기 때문이다.

넷째, 종교의 공공성이 증대하고 있다. 한국에서도 이슬람채권법, 차별금지법, 학생인권자치조례의 제정을 둘러싸고 논란이 확산되었던 것처럼 종교는 이제 시민사회의 공적 담론 영역에 깊이 개입함으로써 교구적 이익을 옹호하는 것을 넘어 자유와 평등이라는 세속적 시민사회의 기본적 이념과 종교적 신념체계의 공존을 모색하고, 현대 사회의 정치적 및 도덕적 기초를 공고히 하는 데 주요한 역할을 담당함으로써 종교의 탈사사화(deprivatization)를 뚜렷이 드러내고 있다.

『현대세계에서의 공적 종교(*Public Religions in the Modern World*)』(1994)에서 카사노바(Jose Casanova)가 설명한 공적 종교(public religion) 개념은 이후 미국과 이슬람 사회의 종교적 근본주의에 대한 담론을 중심으로 확산되어 2000년대부터는 종교의 탈사사화 명제가 미국 시민사회를 넘어 서유럽 사회와 국제정치적 영역으로까지 일반화되고 있다(Casanova, 2006: 7-22, 2008: 101-109, 2009: 206-227). 버거(Peter Berger)의 『세계의 탈세속화: 부흥하는 종교와 세계정치(*The Desecularization of the World: Resurgent Religion and World Politics*)』(1999) 그리고 헌팅턴(Samuel P. Huntington)의 『문명의 충돌과 세계질서의 재편성(*The Clash of Civilizations and the Remaking of World Order*)』(1996) 역시 이러한 탈사사화 명제 또는 공적 종교 개념의 국제적 확산에 큰 일조를 하

였으며, 그동안 종교적 문제에 큰 관심을 보이지 않았던 하버마스(Jurgen Habermas)와 같은 유럽 사회학자들까지 이제 논쟁에 주도적으로 가세하고 있다. 하버마스에 따르면, 이전에는 세속사회로서 당연시되었던 유럽 나라들에서조차 이제 종교조직들은 세속사회의 공적 영역(public sphere)에서 하나의 해석공동체들로서(communities of interpretation), 즉 공적 담론을 시민들이 이해 가능하도록 번역하는 주체로서 주요하게 기능하고 있다고 한다(Habermas, 2006: 10-11, 2008: 20). 그는 유럽의 세속적 시민들이 종교적 공동체들의 지속적 현존에 자신들을 적응시켜야 한다는 공적 인식(public consciousness)을 갖고 있다는 점에서 오늘날의 세속사회는 이전과는 전혀 다른 새로운 사회, 즉 탈세속사회(post-secular society)라고 불릴 수 있다고 한다(Habermas, 2008: 19). 탈세속사회에 살고 있는 세속적 시민들은 막스 베버가 주장한 '서구적 합리성'의 관점에서 종교적 교리의 어떤 부분이 합리적이고 비합리적인지를 판단하고자 하는 태도를 취하기보다는 오히려 기존의 세속주의(secularism)에 대한 자기반성을 더욱 더 필요로 하는 시대에 살고 있는 것이다(Habermas, 2006: 17-18).

마지막으로 '종교 없음' 인구의 뚜렷한 증가이다. 앞에서도 언급한 것처럼 2015년 인구센서스에서 한국 인구의 57%로 집계된 '종교 없음' 인구의 종교성에 대한 정확한 이해를 추구하는 것이 이제 한국에서도 매우 중요한 과제가 되었다. 그리고 인구조사에서는 정확히 드러나지 않는 점술적 믿음을 가진 기독교인들, 종교의례에 한 번도 참여하지 않으면서 자신을 불교인이라고 여기는 사람들,

유교적 생활태도와 사고방식을 유지하면서도 스스로를 비종교인이라 여기는 사람들이 많이 있다. '종교 없음' 범주에는 '무신론자(atheist)', '불가지론자(agnostic)', '이신론자(deist)', '종교적 소극주의자', '종교적 무관심자', '종교단체에 참여하지 않는 종교인', '중층적 종교인(multiple religionist)' 등과 같이 매우 다양하고 복잡한 종교성을 포함하고 있는 것으로 일반적으로 간주된다. 따라서 종교조직이나 의례의 참여빈도와 같은 단순 지표로 '종교 없음'에 속하는 모든 사람들을 비종교인으로 구분하는 것은 인간의 종교성에 대한 매우 단순한 이해에 근거한 것이다. 사실 종교단체의 소속여부를 불문하고 모든 현대인들은 그들의 공적 활동에 특별한 의미를 부여하기 위해 사랑, 정의, 평화, 믿음, 자비, 관용, 용서와 같은 종교적 언어를 의심 없이 적용하고 있다.

미국과 한국의 '종교 없음' 인구들을 몇 가지로 비교하면 다음과 같다. 첫째, 세대별 종교성에서 젊은 세대일수록, 교육적 수준이 높을수록, 도시거주자일수록 그리고 미혼자인 경우 종교 없음의 정도가 상대적으로 높았다. 둘째, 미국의 종교 없음 인구가 주로 기성종교단체에 소속되기를 거부하지만 종교성을 유지하고 있는 반면에, 한국의 경우 종교적 무관심에 해당하는 인구의 비율이 더 높은 것으로 추정된다. 종교시장이론적 관점에서 미국의 경우 종교 없음 인구의 사회적 자본화에 대해 많은 사례들이 쉽게 발견되었으나 한국의 경우 반개신교운동(anti-protestantism)의 형태로 나타나는 경우가 발견되었을 뿐 전체적으로 종교 없음 인구에 대한 정책적 및 이론적 접근은 매우 부족하고 빈약한 상태이다.

특히 미국적 '종교 없음' 인구들과 가장 큰 차이를 만드는 한국인들의 유교적 종교성 문제는 매우 중요한 연구과제이다. 인구센서스에서 유교인구 비율은 0.5% 이하로 나타나지만 '종교 없음'으로 표시한 인구의 97.1%는 실제로 유교적 사고방식과 생활태도를 가진 것을 발견한 윤이흠 교수의 연구(1985)가 시사하는 것처럼 한국에서 유교는 일종의 종교적 아비투스(habitus) 또는 마음의 습속(habit of the Heart)으로서 이해되고 있다(송재룡, 2014). 이러한 유교적 종교성은 한국에서 '종교 없음' 인구의 증가세가 뚜렷한 청년세대에서도 여전히 강력한 문화적 전통으로 유지되고 있음이 다수의 연구에서 확인되었다. 유교의 종교성 논란에도 불구하고 '종교 없음' 인구 역시 가부장적 가족제도와 권위주의적 가치관에서 자유롭지 못한 생활방식을 유지하고 있고, 종교적 소속여부나 종교성의 강도와 상관없이 전체적으로 개인들의 사회적 태도에 중요한 영향을 주고 있기 때문이다. 유교적 관점에서는 인본주의적 합리성과 신앙, 세속적 도덕과 종교적 믿음의 관계가 기독교적 세계관처럼 명확히 구분되거나 이원화되어 있지 않고 불가분적으로 이해되고 있으므로 한국의 '종교 없음' 인구에 내재해 있는 유교적 종교성은 그들에게 반사회적이거나 탈사회적인 경향을 야기시키는 것이 아니라 기성질서와의 조화 및 융화와 같은 사회적 윤리와 금욕 및 청렴과 같은 개인적 윤리의 중요성을 내면화시키고 있다. 이러한 맥락에서 한국, 중국, 일본을 포함한 동아시아 시민사회의 유대를 강화할 수 있는 시민종교(civil religion)로서의 역할을 유교에게 부여하고자 하는 시도들도 나타나고 있다(Tu, 2009; 이형균, 2000).

'종교 없음' 인구와 관련한 종교다양성 문제를 이론적 및 정책적으로 관리해 온 충분한 경험을 가진 미국이나 캐나다와 달리 '종교 없음' 인구의 사회적 영향력과 잠재력에 대한 학문적 분석이 국내에서는 거의 전무한 상황이다. 특히 거대 종교단체에 대한 과도한 정부재정지원과 연구에만 몰두해 온 한국의 학문적 및 정책적 편향성을 감안할 때 '종교 없음' 인구에 대한 연구는 자신의 종교적 정체성을 드러내지 않고 있는 그룹의 사회적 본질에 대한 이해에 있어 종교다양성의 새로운 측면을 보여줄 것이다. 특히, 종교적 선택의 폭이 넓어진 한국의 종교시장에서 그들의 종교적 필요가 무엇이고 어떻게 그리고 왜 변할 것인지를 이론적으로 분석하는 것이 무엇보다 중요하다. 개별적 종교전통에 집착한 미시적 연구들의 근본적 한계는 한국 종교시장의 거시적 궤적과 역동성을 하나의 일관되고 통합된 이론으로 분석하거나 설명해 내지 못하는 점에 있다. 반면에, '종교 없음' 인구를 포함하는 종교다양성 정책은 종교시장의 수많은 공급자와 수요자들의 기본적 행동원리가 무엇이고 그들을 효율적으로 관리할 수 있는 종교시장구조는 정책적으로 어떤 것이어야 하는지를 먼저 고려하여야 한다.

한편, '종교 없음' 인구의 종교성에 대한 이해는 지구시민사회에 적합한 사회적 자본(social capital)을 창출할 수 있는 실제적 조건들을 모색하는 데 기여한다. 전통적 관계성이 단절된 현대인들의 일상 속에서 변형된 종교적 믿음과 행위체계들이 한 사회의 책임 있는 구성원으로서 종교 없음의 현대인들에게 어떻게 도덕적 의무감을 갖게 하는지는 종교사회학이 당면한 연구과제이다. 사회적 자본

(social capital)의 권력 중립적 특성에 공동체적 가치관과 도덕적 방향성을 제공함으로써 시민사회를 지탱해 주는 사회적 자본의 하나로서 종교적 자본(religious capital)이 기여할 수 있다면, 종교적 자본의 축적을 저해하는 정부정책의 실패는 시민사회의 정신적 및 도덕적 인프라를 스스로 허무는 것일 뿐만 아니라 글로벌 사회의 종교다양성 압력에 직면하여 위협받고 있는 문화적 정체성을 약화시키는 결과를 낳는다. 대조적으로 미국이나 유럽에서는 전체인구의 절대적 소수에 속하는 무신론자(atheist), 불가지론자(agnostic) 및 휴머니스트들이 SSA(Secular Student Alliance), EHF(European Humanist Federation), IHEU(International Humanist and Ethical Union)와 같은 전국적 또는 국제적 조직을 만들고 종교단체에 준하는 정부지원을 요구하면서 세속적 가치에 기초한 국가의 건설을 위해 글로벌 네크워크를 구축하고 있다. 따라서 현대 시민사회의 새로운 시민윤리로서 기여할 종교적 자본은 세속적 가치이든 탈세속적 가치이든 종교다양성을 넓게 인정하고 포용하는 차원에서 축적될 때 사회적 자본의 총량적 증가에 기여할 수 있다.

게다가 종교의 개념을 조직적 차원에서 정의하는 고전적 유형론을 버리고 현대 사회의 종교적 다양성에 부합하는 새로운 종교유형론(new typology of religion)의 모색이 필요하다. 유럽적 토양에서 만들어진 막스 베버(Max Weber)의 종파-교회(sect-church) 이분론 및 에른스트 트뢸취(Ernst Troeltsch)의 신비주의-종파-교회(mysticism-sect-church)의 삼분론을 토대로 한 다양한 종교유형론들은 종교조직을 종교개념의 필수적 요소로서 상정함으로써 지구화 시대의 종교다양성을 특징짓는 종교문화의 다면적인 혼합과 분열 및 재생산과정을 이해하는 데 큰 도움이 되지 못하고 있다. 예를 들어, 현대 영국인들의 종교성을 '소속 없는 신앙인(believing without belonging)'으로 묘사한 그레이스 데이비(Davie, 1994)의 통찰력에 더하여 '소속 있는 비신자(belonging without believing)' 그룹의 종교성을 함께 유형화하거나 '종교 없음'의 범주에 속하는 한국인들이 실제로는 개신교, 천주교, 불교, 유교와 같은 전통적 기성종교 밖에서 새로운 종교성을 추구하는 사람들인 것을 고려할 때, 그들의 종교성까지도 범주화할 수 있는 새로운 종교유형론이 개발된다면 종교적 다양성의 문제가 훨씬 더 분명하게 이해될 수 있다.

이런 면에서 [그림 2-1]은 새로운 종교유형론의 정립이 종교다양성 문제를 인식하는 데 어떻게 도움을 줄 수 있는지를 단순화해서 보여준다. 로이 왈리스(Wallis, 1977)가 처음으로 제시한 기준에 기초하여 모든 종교조직을 구원의 다원성 인정여부와 사회적 긴장의 정도에 따라 교회형(church type, ch), 종파형(sect type, s), 종단형(denomination type, d) 및 컬트형(cult type, c)으로 분류할 때, 그들은 사분면 위 어느 한 점에 위치할 것이다. 점 ch1과 점 ch2의 경우 유사한 교회형 조직들로서 구원의 다원성 인정여부에서는 큰 차이가 없지만 주변사회와의 긴장의 정도에 있어서는 다소 큰 간격이 존재한다. 반면, 점 d1과 점 d2는 주변사회와의 긴장의 정도는 비슷한 편이지만, 구원의 다원성을 인정하는 문제에서는 큰 교리 차이를 가진 종단형 조직들이라고 할 수 있다. 이런 방법으로 종교조직들을 몇 가지 기준으로 유형화하고 각각의 교리적 및 사회적 위치를 나열할 수 있다면, [그림 2-1]의 원으로 표시된 것처럼 서로 다른 유형들의 종교조직들 간에 교리적 및 사회적 친밀감이 어느 정도 발생할 수 있는지를 합리적 방법으로 예측할 수 있게 된다. 예를 들면, ch1과 ch2의 사회적 유대보다는 오히려 서로 다른 유형에 속한 ch1과 s1의 유대감 및 교리적 유사성이 더욱 높은 것으로 예측할 수 있으며, 이러한 예측이 종교적 다양성이 높고 이질적 종교들에 대한 접촉 빈도가 증가하는 현대 사회에서는 매우 기초적인 사회정보가 될 수 있다.

이러한 이론적 및 정책적 당위성은 한국의 문화체육관광부 산하

[그림 2-1] 종교유형과 종교다양성 분포

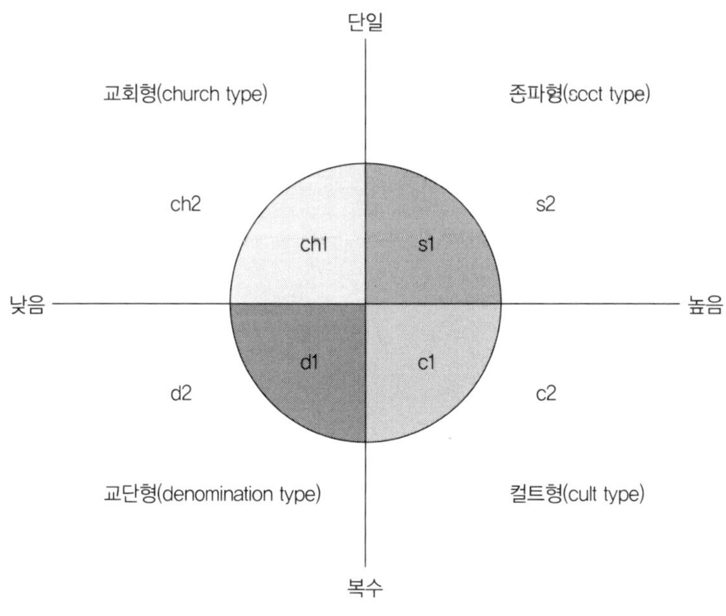

종무실의 종교편향적 정책들을 비판적으로 고찰할 수 있게 만든다. "종교정책은 없고 종무행정만 있다."고 공언하는 종무실의 종교편향적 예산편성이 소수의 거대 종단들에 대한 직접적 재정지원으로 점철된 것은 해방 이후 오늘날까지 변함없는 관행이 되고 있다. 글로벌 사회의 종교적 다양성 문제에 대처하는 한국 종무실의 이와 같은 안이한 종교정책은 종교시장이론적 관점에서 보면 결과적으로 사회적 고비용과 비효율을 낳는 원인이 된다. 개신교, 불교, 천주교의 소수 거대종단에 매년 수백억의 국비를 지원하는 법적 근거도 불분명할 뿐만 아니라 종교경제를 거시적으로 왜곡시키는 중대한 정책적 과오를 바로잡을 수 있는 종교정책의 대전환이 요구된다.

CHAPTER 03

종교적 관용과 종교적 자유

이론적 배경

경험적 증거들

한 연구에 의하면 인류역사 동안 종교적 전쟁이 세속적 전쟁보다 좀 더 일반적이고 잔인하며 더 자주 일어났다고 한다(Toft, 2007). 종교적 살인에서는 타인에 대한 죄의식이나 양심의 가책보다는 신이 선택한 도구로서 자신의 소명을 다했다는 종교적 책임감과 신으로부터 허가받은 살인이라는 내적 정당성이 세속적 제도와 질서보다 더 중요한 동기가 될 수 있기 때문이다. 이처럼 종교는 항상 폭력과 밀접한 관계를 맺고 있으며, 원시사회의 희생제의나 식인풍습을 비롯하여 현대 사회의 이슬람 테리리즘, 걸프전쟁, 그리고 이라크전쟁처럼 사회적 및 국가적 폭력을 정당화하는 동기로서 작용한다. 특히, 지구화는 모든 로컬사회들에서 종교적 다양성의 증대를 야기하고 지역문화의 독특성과 고유한 가치를 무력화시키는 요소로 기능하면서 이전에는 경험하지 못했던 종교 간 및 종교 내적 갈등과 혼란을 촉발하기도 한다. 이 장에서는 이러한 역사적 및 사회적 맥락 내에서 종교다양성 사회로 진입한 한국의 종교적 관용과 종교적 자유가 제도적으로 어떻게 사회화되어야 하는지를 논하고자 한다.

〈표 3-1〉에서 보는 것처럼 어느 종교도 종교시장의 절대다수를 점하지 못한 한국 종교시장에서는 종교 그 자체 또는 타종교에 대한 관용과 이해의 폭을 확장하는 것이 사회적 공존과 연대의식의 제고를 위해 매우 긴요하고 시급한 과제임을 알 수 있다. 인구주택총조사를 기준으로 작성된 종교인구분포이기는 하지만, 현재로서는 통계청 인구센서스의 결과가 한국의 전체인구에 대한 종교성 분포를 가장 정확히 반영하고 있는 것으로 일반적으로 간주되고 있

〈**표 3-1**〉 한국의 종교현황(1985~2015년)

구분 / 종교별	단체 수 (개)	교당 수 (개소)	교직자 수 (명)	인구센서스 종교인구분포 (명)			
				2015	2005	1995	1985
불교	105	22,072	41,362	7,619,332	10,726,463	10,321,012	8,059,624
개신교	170	60,785	124,310	9,675,761	8,616,438	8,760,336	6,489,282
천주교	1	1,258	12,536	3,890,311	5,146,147	2,950,730	1,865,397
유교	1	730	31,833	75,703	105,575	210,927	483,366
천도교	1	283	5,670	65,964	45,835	28,184	28,818
대순 진리회				41,176	(증산교 35,550)	62,056	
원불교	1	520	2,455	84,141	129,907	86,823	92,302
대종교	1	109	358	3,101	3,766	7,603	11,030
기타	44	4,992	280,685	98,185	163,085	170,153	175,477
소계	280	85,757	218,524	21,553,674	24,970,776	22,597,824	17,203,296
종교 없음				27,498,715	22,070,658	21,955,886	23,216,356
총인구				49,052,389	47,041,434	44,553,710	40,419,652

다. 표에 따르면, 1985년부터 2015년까지 지난 30년간 개신교, 천도교, 종교 없음 인구는 꾸준히 증가한 반면에 불교, 천주교, 원불교는 2015년 조사에서 큰 폭의 감소를 보여주었고, 다른 종교들은 조사주기마다 크게 감소하는 것으로 나타났다. 한 국가 내에서 종교인구분포의 이러한 극심한 변화는 종교적 수요가 항상적인 성질이 있고 종교적 선호 역시 단기간에 변하기가 어렵다는 점을 고려하면 매우 이례적인 것이지만, 다른 한편으로는 한국 종교시장이 얼마나 역동적인지를 반증하고 있다고 할 수 있다. 이와 같은 종교시장의 역동성에 대한 원인이나 변화의 패턴에 대한 논의는 다른

저서나 논문에서 더 자세하게 다루어야 할 문제이고, 다만 본 장의 주제인 종교적 관용과 자유와 관련해서는 지난 30년 동안의 종교인구 변화 추세가 한국 종교시장의 역동성을 반증하고 있다는 사실로 만족해야 할 것 같다.

무엇보다 정책적 차원에서 종교적 관용과 자유를 어떤 수준으로 유지할지는 오로지 국가의 몫이다. 이를 위해서는 국가의 입법, 행정, 사법적 작용을 구분하여 세밀히 분석해야 하겠지만, 그것은 더 많은 지면을 필요로 하는 방대한 작업일 뿐만 아니라 필자의 연구 역량을 넘어서는 과제라고 생각한다. 따라서 영미법계와 달리 행정부가 법률제안권을 갖고 있는 한국적 상황을 고려하여 본 장에서는 주로 행정적 및 입법적 차원에서 종교적 규제와 종교적 자유의 문제가 한국의 시민사회에서 어떻게 그리고 왜 종교시장이론의 원칙과 기준에 맞게 반영되어야 하는지를 고찰하고자 한다.

이론적 배경

기존의 세속화 명제에 익숙한 종교연구자들에게 종교적 자유의 문제는 정책적으로 구체화하고 실현해야 할 정책목표라기보다는 단지 종교연구와는 직접적으로 관련이 없는 정치적 이념이자 이데올로기로서만 존재하였다. 그러나 종교시장이론에 기초한 종교사회학의 새로운 패러다임을 공유하는 진영에서는 종교적 자유와 관용의 수준이 기성사회의 질서유지와 평화에 어떤 영향을 주는지가

이론적 및 경험적으로 중요한 연구과제가 되고 있다.

종교시장이론적 원칙들, 즉 경쟁과 선택에 기초에서 한국 사회의 종교정책적 방향성이 결정되어야 하고, 특히 개인의 자유와 평등을 기본이념으로 하는 현대 시민사회에서의 종교다양성을 고려하면 시장적 원칙들 이외의 다른 대안이 있을 수 없다. 이제는 이러한 원칙들의 법적 당위성을 논하기 위해 유엔총회의 결의로 제정된 세계인권선언(Universal Declaration of Human Rights), 시민적 및 정치적 권리에 관한 국제규약(B규약), 경제적 · 사회적 및 문화적 권리에 관한 국제규약(A규약), 유럽인권협약(Convention for the Protection of Human Rights and Fundamental Freedoms) 등을 거론하는 것은 너무 진부한 방법일 것이다. 위와 같은 국제법규뿐만 아니라 국내 법제에서도 모든 종교와 그 신자들은 그들의 지역적 · 인종적 · 정치적 및 사회문화적 배경을 불문하고 형식적으로나 내용적으로 종교를 이유로 차별받거나 불이익을 받아서는 안 된다.

하지만 이러한 추상적이고 이념적인 법규들만으로는 급변하는 지구사회의 종교다양성을 제도화시킬 수 없다는 점에 이의를 제기할 사람은 없을 것이다. 법제도이든 사회제도이든 그것은 언제나 현실을 반영하는 것일 뿐 종교다양성이란 현실에 선행하여 존재할 수는 없기 때문이다. 2차 대전 이후 보편적 국제법으로 또는 강행규범으로 제도화되기 시작한 위와 같은 인권규약들은 인간으로서 누려야 할 최소한의 권리를 보장하기 위한 것이지 부지불식간에 생겼다 사라지는 수많은 소수종교들을 우리가 어떤 방식으로 제도화 및 사회화시킬 수 있을지에 대해서는 아무런 대답도 줄 수 없다. 그리고 왜 수많은 '낯설고 기괴한', 그럼에도 불법적이지는 않은 그런 소수종교들이 오늘날 존재하고 있는지 또는 제도적으로 그들의 종교적 자유가 보장되어야 하는지와 같은 물음에는 근원적 해답을 제시하기도 어렵다. 불법 또는 합법이라는 것이 존재이유가 될 수는 없기 때문이다. 불행하게도, 이런 현실들에 대해 종교연구자들조차 그들이 현대 시민사회에서 어떻게 위치하고 있고 그리고 어떻게 위치하여야 하는지를 묻기보다 단순히 다양한 명칭을 고안하는 것으로 만족하는 듯하다.

예를 들어, '컬트(cult)', '유사종교(para-religion)', '사이비종교(pseudo-religion)', '생활종교(living religion)', '영성운동(spiritual movement)', '신신종교(new new religion)', '사적/공적 종교(private/public religion)', '내향적/외향적 종교(internal/external religion)', '암시적/외연적 종교(implicit/explicit religion)' 등의 수많은 전문적인 것처럼 보이면서도 내용 없는 용어들이 종교적으로 새로운 사회적 현실을 지칭하기 위해 학계에 소개되곤 했다. 그럼에도 그러한 용어들을 만들기 위한 진부한 시도들은 오늘날의 종교적 다양성 속에 이론적으로 설명되어야 할 무엇인가가 존재한다는 것을 자각한 것일 뿐, 그것이 본질적으로 무엇인지는 설명하지 못했다. 단순히 명명하는 것과 이론적으로 설명하는 것은 완전히 다른 종류의 작업이다(Stark, 1985).

종교시장이론적 관점에서 그 해답은 매우 간명하다. 종교를 제도화시키는 것이 아니라 종교시장을 제도화시켜야 한다는 것이다. 종교적 선호의 다양성을 가정한다면 종교다양성의 증대는 매우 자연스러운 현상이고 어떤 의미에서는 장려되어야 할 바람직한 현상이기도 하다. 독점 또는 과점적 종교시장은 이미 제도화된 소수의 거대종교들의 정치적 및 사회적 이익 증대에 기여할 뿐, 종교시장에 참여하는 전체 구성원들의 종교적 만족 또는 행복감을 높이지 못한다. 왜냐하면 그들은 종교시장 참여자들의 다양한 종교적 선호를 동시에 포괄적으로 만족시킬 수 없기 때문이다. 따라서 종교시장이론에서는 종교들의 제도화 그 자체가 종교시장을 비효율적으로 만드는 가장 위험한 요소이므로, 서로 다르거나 상충될 수도 있는 다양한 종교적 선호에 응답할 수 있는 다양한 종교공급자들이 시장에 존재할 필요가 있는 것이다. 예를 들면, 정재영 교수의 마을공동체교회연구가 시사하는 것처럼(정재영, 2018) 한 지역에 거대교회(mega-church) 하나가 존재하는 것보다 소규모 공동체 교회 수백개가 존재하는 것이 종교시장 참여자들의 종교적 만족을 더 증진시킬 수 있고 그럼으로써 시장의 효율성을 제고시킬 수 있다.

이러한 관점에서 종교적 자유의 증대와 이질적 종교성에 대한 관용적 태도의 증진은 종교 공급자와 수요자 모두에게 선택의 폭과 질을 높여줄 수 있고, 결국 종교적 경쟁을 통한 혁신과 수요자들의 합리적 선택을 요구하게 된다. 인간의 영성을 통제하고 관리하고자 하는 사회적 기제가 무엇이든 지구화 시대에 정보, 통신 및 교통 기술의 혁신으로 야기된 빈번한 영적 접촉과 자각들을 거스르고 억누르는 것 자체가 비현실적인 발상이 되었다. 종교시장의 제도화는 이러한 다양성을 제도적으로 수렴하고 그 다양성을 사회체제의 질적 발전을 위한 영적 자본으로, 정신적 에토스로, 그리고 새로운 정체성으로 삼고자 하는 것이다.

경험적 증거들

이러한 방향의 연구를 주도하고 있는 대표적 학자로서는 로드니 스탁과 함께 *The Churching of America, 1776-1990*(1992)을 저술한 로저 핑키(Roger Finke)와 *Religion in China: Survival and Revival under Communist Rule*(2012)의 저자로 유명한 펭강 양(Fenggang Yang)의 주장을 소개하는 것이 우리들의 논지를 이해하는 데 도움이 될 것 같다.

먼저 그림과 핑키(Grim and Finke)는 *The Price of Freedom Denied*(2011)에서 종교적 박해가 심한 나라들과 종교적 관용의 폭이 넓은 나라들에서 발생하는 집단적 폭력사태나 전쟁과 같은 사회적 갈등의 빈도를 비교 조사하였다. 그 조사의 결과는 헌팅턴과 같은 정치학자들이 일반적으로 주장해 왔던 이질적 문명 간의 만남 또는 문명 내 종교적 정체성을 완전히 달리하는 집단들이 많을수록 그 사회의 갈등요인이 증대한다는 명제를 완전히 부정하는 방향으로 나타났다. 즉, 미래 사회의 갈등요인으로 지목된 '문명의 충돌(the Clash of Civilizations)'이란 명제는 거짓이라는 것이다. 오히려 문화적 동질성(homogeneity)이 높다고 간주된 미국이나 서유럽과 같은 기독교 문명권 내에서도 종교적 다양성과 이질성이 매우 클 수 있고, 이슬람 문명권의 경우 종교적 및 문화적 동질성이 높은 사회임에도 불구하고 폭력이나 전쟁과 같은 갈등의 정도가 매우 높게 나타났다는 것이다. 따라서 핑키와 같은 종교시장이론가들에게 문화의 동질성이나 이질성은 사회적 갈등의 원천이나 주요한 동인이 결코 아니며, 종교에 대한 법적 규제나 박해의 정도가 사회적 갈등에 더 큰 영향을 미친다고 주장한다.

[그림 3-1]은 그림과 핑키가 미국 내 다양한 연구펀드들로부터

[그림 3-1] ARDA에서 한국의 종교통제지수들

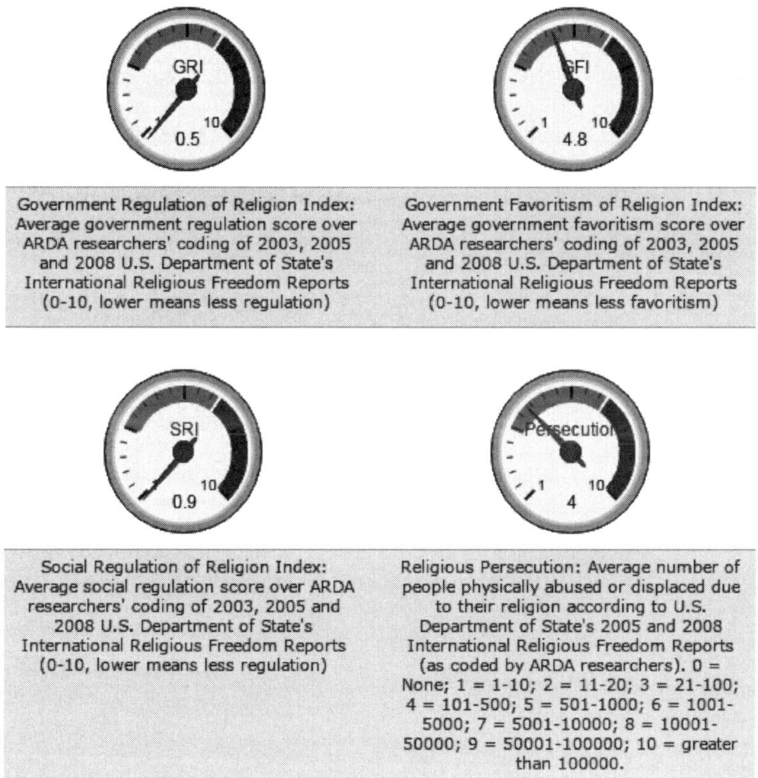

지원받아 구축한 The Association of Religion Data Archives (ARDA)에서 종교규제지수(GRI), 종교편향지수(GFI), 사회규제지수(SRI), 종교박해지수(Persecution)들을 활용한 한국의 사례를 보여주고 있다.

이러한 지수들을 산정하기 위한 기초적 정보는 미 국무부 산하 민주주의, 인권 및 노동국(The Bureau of Democracy, Human Rights and Labor)에서 매년 전 세계 200여 개국의 종교자유실태를 조사하여 보고하는 국제종교자유보고서(International Religious Freedom Report: IRFR)에서 나온 것이다. 정부규제지수(GRI)는 입법, 행정, 사법적 차원에서 가해지는 종교적 차별과 불평등의 제도화를 측정하는 지표이고, 사회규제지수(SRI)는 사회마다 서로 다른 고유한 역사적 · 문화적 전통을 반영하는 종교규제지표이다. 예를 들어, 중국의 경우 정부가 직접적으로 '종교'의 범위와 활동범주 등을 통제하고 있으므로 GRI 지수는 매우 높지만, 종교 그 자체에 대한 사회적 차별이나 편견은 높지 않기 때문에 SRI는 낮을 것이다. 반대로 인도의 경우는 전통적으로 종교적 다양성이 높은 사회이므로 정부의 종교에 대한 직접적 규제는 거의 없는 편이지만 힌두교 중심적 민족주의 운동이 사회 전반에 뿌리 깊고 카스트제도와 같은 신분제로 인해 GRI는 낮지만 SRI는 매우 높은 사회로 나타난다(Grim and Finke, 2011: 120-149).

한국의 경우는 [그림 3-1]에서 보는 것처럼 정부의 종교편향지수(GFI)가 상대적으로 높은 것으로 조사되었지만, 전체적으로 종교적 갈등의 가능성이 낮은 사회로 분류되어 있다. 중국이나 인도와 같이 종교시장에 직접적으로 개입하거나 사회적 차원의 종교적 차별 및 편견은 낮은 편이지만, 여전히 정부의 편법적인 종교시장 개입이 적지 않게 존재하고 있음을 암시한다. 앞서도 지적한 것처럼 한국 문화체육관광부 산하에 있는 종무실의 예산으로 개신교, 불교, 가톨릭 교단에 대한 집중적인 예산지원은 정교분리의 헌법 정신을 실질적으로 훼손하고 있고, 종교적 차별을 오히려 심화시키는 부작용을 야기하고 있다(유광석, 2014a: 79-83). ARDA의 분석이 한국 사회의 종교적 자유와 관용에 대한 현실을 얼마나 정확히 반영하고 있는지는 더 자세한 분석이 필요하겠지만, 종교정책적 관점에서 종교시장이론가들이 종교에 대한 정부의 규제나 편향성을 얼마나 중요시하는지를 정확히 보여주는 사례로서 그 의미가 적지 않다.

결론적으로 입법적이든 행정적이든 종교에 대한 규제의 정도가 심할수록 그 사회는 갈등의 수준이 높은 사회라는 것이 종교시장이론에 기초한 국가 간 비교연구의 최종적 결론이다. 법제도에 의한 것이든 아니면 사회문화적 전통에 기인한 것이든 종교시장이 독점적 구조로 형성된 사회에서는 다른 종교에 대한 종교적 박해나 차별의 정도가 높아지게 되고 이는 사회적 평화와 소속감을 제고하는 것이 아니라 오히려 사회적 불안과 폭력을 유발한다는 것이 핵심이다. 흥미로운 것은 이러한 이론적 진단에 기초하여 미 국무부는 종교적 차별과 박해를 정당화하고 종교적 자유를 제한하는 국가들에 대해 외교 관계나 원조 및 교역 등에서 그에 상응한 제재를 가하고 있다는 점이다. 주로 이슬람 국가들이나 공산주의 국가들처럼 인간의 종교적 자유를 법적으로 또는 실질적으로 부정하는 세력들을 대상으로 하는 것이겠지만, 종교적 소수자에 대한 지나친 정부규제나 통제 역시 보편적 인류의 화합과 평화적 국제질서를 해치는 것으로 인식하고 있다. 결국 종교시장이론적 관점에서는 한국 내의 종교적 소수자들이 단순히 한국의 법적 및 행정적 규제의 대상일 뿐만 아니라, 그들에 대한 차별과 박해는 국내문제를 넘어서 있는 지구사회의 문제가 되는 것이다. 본 저서의 제5장은 바로 이런 맥락에서 여호와의 증인들에 의한 양심적 집총거부 문제를 상세히 다루고 있다.

경험적 연구의 또 다른 주요한 사례는 중국 사회의 종교연구이다. 펭강 양 교수는 *Religion in China*(2012)에서 공산주의 치하의 중국 종교시장을 분석하고 진단하기 위해 야노스 코르나이(János Kornai)의 결핍경제이론을 적용하고 있다. 그는 전체적으로 종교시장이론의 맥락을 견지하면서도 미국적 토양의 다원주의적 종교공급모델을 중국 사회에 그대로 적용하기보다 야노스 코르나이(János Kornai)의 결핍경제이론을 도입하여 결핍경제에서 나타나는 수요측의 중요성을 강조하고자 하였다. 즉, 중국 정부의 종교에 대한 법적 규제의 결과로 야기된 종교결핍경제는 종교시장에서의 공급과 균형을 파괴하고 항시적으로 초과수요를 야기함으로써 과점적 종교시장구조(oligopoly)와 회색시장(gray market)의 비정상적 팽창을 낳고 결국에는 '유사종교', '준종교' 및 '사이비종교'로 낙인찍힌 수많은 신종교들의 성장토대를 제공하였다는 것이다.

게다가 과점적 종교시장구조가 오히려 대부분의 현대 사회에서 일반적인 것이라고 한다(Yang, 2012: 175-178). 특히 중국의 과점적 종교시장에서의 종교 간 경쟁과 선택은 자유로운 경쟁에 기초한 북미의 다원주의 종교시장에서의 경쟁패턴과는 다른 삼중적 종교시장(triple religious market)에 기초하고 있다고 한다(Yang, 2012: 120–122). 종교의 자유를 헌법에 명문화하고 있지만, 중국 정부는 국가종무총국(國家宗務總局)에서 허가된 5대 종교의 협의체—불교협의회(1953), 이슬람협의회(1953), 기독교삼자(三自)애국운동위원회(1954), 도교협의회(1957), 그리고 가톨릭평신도애국협의회(1957)[01]—를 통해 성직자의 임면과 신자들의 등록, 탈퇴 및 이전 등의 허가권을 지방정부 종무국(宗務局)에 부여하고 있기 때문에 실제 생활에서는 공인된 종교행위들로 구성된 적색시장(red market)과 가정교회(house church)처럼 불법화된 종교행위들로 분류된 흑색시장(black market), 그리고 불법과 합법의 중간영역에 걸쳐 있는 회색시장(gray market)의 삼중적 구조로 중국의 종교경제가 형성되어 있다는 것이다(Yang, 2012: 92–120). 이러한 시장구조하에서는 종교에 대한 강력한 법적 및 행정적 규제가 시장의 종교수요자들로 하여금 적색시장 또는 흑색시장으로 진입하도록 강제하고 있지만, 실제 현실에서는 다양한 종교적 선호를 가진 사람들의 수요에 부응한 규제회피적 종교현상들이 증대하게 된다. 예를 들어, 삼자교회가 가정교회들과 인적 및 물적 교류를 하고, 지방 종무국과 공안들은 가정교회를 묵인하거나 방관하기도 하고, 공인된 종교범주에 포함되지 못한 지방의 토속신을 모시는 신전들이 도교사원으로 등록

01 1962년에 중국가톨릭애국협의회(the Catholic Patriotic Association of China)로 변경됨.

하고, 또는 종교가 아닌 과학이나 건강요법으로 포장한 수많은 기공(氣功)단체들이 유행하는 등의 복잡한 종교시장 행위들이 야기된다. 결국 이러한 종교행위들을 모두 법제도적으로 규제하는 것은 불가능할 것이다.

위와 같은 법규정과 행정적 규제 이외에도 종교적 자유를 실질적으로 제한하는 다양한 기제들이 현대 사회 속에 존재한다. 루만(N. Luhmann)의 표현을 빌리자면, 무엇이 종교인지를 결정하는 것은 바로 종교시스템(religious system)이기 때문이며, 종교시스템 스스로가 종교적인 것과 비종교적인 것으로 구분하는 이진법적 코드(binary code)를 재생산할 수 있는 사회시스템으로 기능한다(Luhmann, 2013). 따라서 한 사회 내의 종교시스템은 무엇이 종교인지를 끊임없이 선언하는 동안 그 사회 내에서 종교로 커뮤니케이션 될 수 없는 비종교적인 것들도 함께 재생산될 수밖에 없다. 따라서 모든 사회는 낯설거나 익숙하지 않은 방식의 커뮤니케이션에 기초한 종교적 현상들에 대한 사회시스템 내에서의 제한을 구조화하고 있는 것이다. 이런 맥락에서 사회적 규제가 없는 완전한 종교시장이란 현실에는 없다. 지난 시대 한국의 근대화 정책에 역행하는 사회적 폐습으로 낙인찍힌 무속이나 민간신앙의 전통들은 물론이고, 종교를 빙자한 사기집단이나 세뇌집단으로 소개되는 다양한 자생적 및 외래 신종교집단들 역시 종교시스템에 의해 내적으로 배제되고 주변화되곤 하였다.

중요한 것은 이러한 종교시스템의 이진법적 코드는 그 자체가 사회적으로 건설되는 하나의 사회적 사실(social fact)이란 점이다. 그것은 개인이나 집단이 특수한 의도를 갖고 인위적으로 만든 것이 아니라 그들의 의지와는 별개로 종교현상을 이해하는 데 특화된 사회적 커뮤니케이션 방식이라고 할 수 있다. 간단히 말하면, 종교의 사회적 정의가 보편적 방법으로 존재할 수 없는 것처럼 종교적 자유와 관용의 방식에 대한 어떠한 절대적 기준도 존재할 수 없는 것이다. 종교시장이론에서 보자면 이러한 사회적 규제의 존재는 종교시장이론 그 자체의 보편타당성을 제한하고, 종교시장의 구조를 사회마다 그리고 시대마다 더욱 복잡하게 만드는 이유가 된다. 예를 들면, 민주적 의사결정에 충실한 미국식 장로교회가 한국에 전파되어서는 목회자 중심의 권위주의적 의사결정에 기초한 장로교회가 되고, 중국에서는 중앙정부의 결정에 순종하는 국가주의적 장로교회가 되어 있다면, '장로교회'의 종교적 정체성은 그 세 가지 유형을 양적으로 종합한 것도 아니고, 그렇다고 각자가 질적으로 서로 다른 '장로교회'로 존재하는 것도 아닐 것이다.

국가주의나 집단적 가치를 우선시하는 사회에서 개인주의에 기초한 시민사회로의 이행은 소극적 자유로부터 적극적 자유로의 요구가 증대됨을 의미한다(Clark, 2005: 23). 종교적 자유를 법적 및 제도적으로 어느 정도 보장하여야 하는지에 대한 절대적 기준은 입법부나 행정부가 시민들에게 허용하는 방법으로 결정되는 것이 아니라 이제는 그 사회의 시민들이 자발적으로 자신들의 종교적 자유와 권리의 한계를 적극적으로 요구하고 타협하는 방법으로 결정된다. 종교사회학적 관점에서 세속화 이론은 진화론적 근대화 모델에 기초하고 있으므로(Hadden, 1987), 후기세속사회의 특징으로 나타나는 세속화와 탈세속화, 이성과 비이성, 과학과 신화, 신앙과 불신의 문화가 분리불가분하게 공존하는 글로벌 시민사회의 양면성과 자발성에 대한 유효한 설명의 틀을 제공하지 못한다(유광석, 2017).

시민사회이론가들은 건강한 시민사회란 "구성원들에게 공유된 의미들을 기반으로 구성원들에 의해 운영되는" 사회라고 한다(Edwards, 2004: 37). 여기서 종교경제시스템은 그 '공유된 의미들을' 건설하고 유지하며 내면화시키는 시민사회의 특수한 도덕적 행위규범들을 생산할 것이다. 자발적인 의사와 합리적인 선택에 기초한 종교시스템만이 가장 효율적이며 시민사회의 작동원리와 부합할 수 있다. 따라서 건강한 시민사회에서 부패하고 비효율적인 종교시스템이 공존할 수 없는 것은 종교시장이론에서는 매우 당연한 결과이다. 이런 면에서 민족주의나 국가주의와 결합된 개신교근본주의나 이슬람근본주의는 사실 시민사회의 공공연한 적일 뿐만 아니라 종교시장의 공정한 경쟁과 시장법칙을 정치적 이데올로기로 왜곡하고자 하는 대표적인 비시장적(非市場的) 적폐현상들이다.

또한, 글로벌 시민사회에 부합하는 서로 다른 글로벌 시민윤리를 각각의 종교들은 더욱 자유롭고 자발적으로 제시하고 글로벌 시민성 담론에 직간접적으로 참여하고 그 영향을 주고받는다. 예를 들어, 생태주의 운동에 가장 적극적인 가톨릭환경운동단체들은 국가주의적 산업전략과 개발계획에 깊이 개입하고 찬성이나 반대를 조직적 시민운동으로 표출하고 있다. 전쟁, 기아, 질병 및 빈곤의 퇴치, 동식물 및 문화적 자원보호, 유기농재배, 성소수자 및 사회적 소수자 보호, 민주화 운동, 불공정무역 등 다양한 사안들에서 종교단체들은 종교적 가치에 기초한 글로벌 시민윤리를 신성한 행위규범으로 정당화하고 있다. 이것은 막스 베버가 장황하게 설명한 개인주의적 개신교 경제윤리와는 전혀 다른 글로벌 시민성(global citizenship)을 사람들에게 제공한다. 하나의 에토스(ethos)로서 글로벌 시민성은 일종의 공동체적 정신의 산물이다. 왜냐하면 모든 인간과 자연환경 및 자원은 파편적으로 단절된 존재로서 살아 있는 것이 아니라, 유기적으로 연결된 거대한 구조물의 한 부분으로서 존재론적 정당성을 부여받고 있다고 믿기 때문이다.

이처럼 종교시장이론적 관점에서 시민사회로의 이행은 개인주의와 공동체주의가 서로 대립하는 것이 아니라 상호 보완적이고 차별적인 역할을 할 수 있는 새로운 윤리적 통로를 만들어 주는 면이 있다. 글로벌 시민사회의 수많은 쟁점들에서 국가주의와 민족주의적인 담론들이 한계에 직면해 있다면, 오늘날 종교시민단체들이 주도하는 비정부기구(NGO)의 성공적 활동은 선교의 자유가 아니라 종교적 자유에 대한 확장적 또는 적극적 해석이 낳은 의도하지 않은 결과이다. 이런 차원에서 종교시장이론은 정책적으로 종교의 자유가 더 넓게 해석되어야 하는 이론적 근거를 제공하고 있다. 개인주의와 공동체주의 양 측면에서 글로벌 시민사회가 지역사회에 부과하는 압박은 종교적 자유를 편협하거나 정치적으로 해석할 때 더욱 더 큰 사회적 혼란과 갈등을 유발할 것인 반면에, 그것을 더 확장적이고 적극적으로 해석한다면 로컬사회와 글로벌사회의 새로운 공존방식을 스스로 정립할 수 있는 다양한 계기를 시민들에게 제시할 것이다.

CHAPTER 04

종교정보와 시장의 효율성

기존 정보화 작업의 한계

한국의 종교현황에 대한 국제적 인식

생활종교

종교데이터베이스의 해외 사례들

과거에는 상상할 수 없었던 다량의 정보를 신속하고 광범위하게 수집, 분석, 분류, 조작, 저장, 복구, 이동 및 파급시킬 수 있는 정보기술(Information and Communication Technologies: ICT)의 탄생으로 인해 종교 관련 정보와 지식들도 인접 분야의 새로운 과학적 설명 기법과 실증적 자료들을 활용하여 체계적으로 축적되고 재구성될 수 있는 길이 열리게 되었다. 이런 배경에서 한국의 종교데이터베이스는 종교연구와 정보과학의 학제적 또는 융합적 접근의 실제적 필요성을 충족시켜 줄 뿐만 아니라, 오천 년의 한국 역사를 통해 계승되고 형성되어 온 한국 문화 전체의 핵심적 동인이라 할 수 있는 종교문화에 대한 통합적 정보화 작업의 학문적 및 정책적 시발점을 제공해 줄 수 있다는 점에서 큰 의의가 있다. 예를 들어, 팔만대장경이나 성경주해서 및 왕조실록과 같은 역사적 텍스트는 물론이고 민간 신앙에서 의례나 구전으로 전해져 내려온 다양한 유무형 문화재들까지도 디지털매체를 통해 보존되기 시작함으로써 한국의 종교연구자들도 빠르고 편리하게 종교연구자료들을 활용할 수 있게 되었고, 다른 영역과 관련 데이터베이스를 상호 교환함으로써 진정한 학제적 및 융복합적 문화연구가 가능하게 되었다.

하지만 개별 종교 경전들만의 데이터베이스화는 종교연구의 통일성과 객관성을 침해할 위험이 크고 종교정보학(information science of religion)의 발전을 개별 종교전통 내에 제한시킬 우려가 있다. 따라서 종교연구의 주체, 방법, 범위, 대상을 질적 및 양적으로 폭넓게 확장시키기 위해서는 개별 종교의 차원을 넘어선 통합적이고 체계적인 종교아카이브의 존재가 절실히 요청된다(유광석,

2014b). 해외의 사례를 참고한다면, World Religion Database, World Christian Database(WCD), The Association of Religion Data Archives(ARDA), Pew Forum on Religion and Public Life Dataset(Pew) 등의 아카이브는 전 세계에서 수집된 광범위한 종교에 대한 경험적 조사 결과들을 종합적으로 데이터베이스화하여 전문연구자나 일반인들에게 손쉽고 빠르게 관련 정보에 접근할 수 있는 기회를 제공하고 있다. 문제는 한국의 경우 이러한 종합적인 종교 관련 데이터 아카이브 구축을 위한 준비작업이 아직 본격적으로 시도되지 않았다는 것이다.

기존 정보화 작업의 한계

헌법상 정교분리가 명문화되어 있고 종교적 다양성이 빠르게 증가하고 있는 한국 사회에서는 전통적인 종교의 역할과 기능, 의미와 해석뿐만 아니라 현실 사회의 종교적 다양성까지 반영하는 종교정책, 복지정책, 교육정책, 사회 및 문화정책을 수립하는 데 필요한 종교 관련 통계 및 사회조사 자료들의 체계적이고 종합적인 정보인프라가 필연적으로 전제되어야 한다. 그러나 전국 또는 지역단위의 종교단체 전수조사가 건국 이래 단 한 차례도 실시된 적이 없고, 1985년부터 인구센서스에 종교적 소속을 묻는 설문이 삽입되고 있지만 이마저도 10년마다 조사되는 낙후된 종교정보화 단계에 머물러 있다. 또한 한국종합사회조사(김지범 외, 2019) 및 한국갤럽

(2015)과 같은 민간조사기관의 각종 사회조사들에서도 종교 관련 항목들은 제한된 표본조사에 머물거나, 비용절감의 문제로 인해 편향된 응답자 패널에 기초한 조사방법을 택하거나, 조사자의 특수한 연구목적과 동기로 인해 간헐적으로만 행해지고 있다. 그리고 매년 각 교단별로 간행되는『천주교회통계』와 같은 각종 교세현황자료들 및 종교단체별 연감은 개별 종교단체의 현황만을 반영하고 있고, 그 조사방법의 통일성과 일관성도 부족하여 다른 사회조사자료들과의 연속성을 확보하기 어렵다. 무엇보다도 한국 사회에서 행해지고 있는 대부분의 종교 관련 사회조사들은 종교인들의 의식과 행태에 관한 조사들로서 조사 의뢰자의 목적과 대상이 편향적이고 조사방법의 신뢰성이 크게 떨어진다는 문제가 있다. 문화체육관광부 산하 종무실에서 간행된『한국의 종교현황』은 인구주택총조사의 종교설문을 통계청에서 정리한 자료를 게시한 수준에 불과하고, 개별 종교조직들의 현황은 자기보고(self-reporting)방법이나 문헌조사를 통해 수집한 신뢰성이 낮은 자료들에 기초한 것이다.

이처럼 조사자료의 비연속성, 신뢰성 결핍, 피상성 등의 문제들 외에도 종교 관련 사회조사, 인구센서스, 종교전수조사, 정부조사 현황, 종교조직의 주요 경전, 의례 및 연감에 대한 종합적 정리 및 분석이 가능한 데이터 아카이브가 없다는 사실은 한국의 종교연구자들을 당혹스럽게 만들고 있다.

대조적으로 1906년부터 종교단체 전수조사를 시작한 미국과 그 밖에 캐나다, 영국, 프랑스, 독일 등에서는 다양한 종교아카이브를 통해서 종교인구분포와 종교단체들의 성장 패턴 및 계보는 물론이고 지역, 성별, 나이와 같은 인구학적 요소들, 동성애나 낙태와 같은 도덕적 성향, 정치적 성향, 경제적 태도, 출산율, 자살률, 이혼율, 범죄율 등의 사회적 태도, 타종교에 대한 관용의 정도 등이 현실 사회의 다양한 종교분포와 어떻게 그리고 얼마나 관련되어 있는지를 지리정보시스템(Geographic Information System)에 기초한 전자지도 형식으로 데이터베이스화하고, 나아가 변수들 간의 상관성까지 함께 제공하고 있다. 종교적 다양성이 증대하면서 종교 관련 범죄, 재난, 사회적 일탈, 삶의 주관적 만족도와 행복지수 등 독립변수로서의 종교적 영향력에 대한 학문적 및 정책적 관심이 충분히 반영된 결과라고 할 수 있다. [그림 4-1]의 캐나다 NHS는 전체인구를 총 107개 범주로 세분화하여 종교인구분포를 매우 자세히 조사하고 있다. 이는 그 수적 규모에 더하여 종교적 다양성의 중요성을 캐나다가 얼마나 중요한 사회변수로 인식하는지를 잘 보여준다.

이런 맥락에서, 한국에서 종교정보학의 독립적 발전을 가로막고 있는 가장 큰 요인은 연구자들이 종교의 계량화와 그 타당성을 의심함으로써 전통적 방법의 종교이해를 고수하고 있기 때문이다. 이것은 또한 종교를 문화의 한 부분으로 간주하고 종교는 문화적 기술로 충분히 이해될 수 있다는 문화결정론의 사회적 영향력에 기인하는 면도 있다. 종교와 문화의 관련성에 대한 논쟁은 쉽게 결론 내리기는 어렵지만, 한 가지 분명한 사실은 지역이나 국가에 고유한 종교 및 문화현상이 상호 중복되거나, 서로의 한 부분이거나, 아니면 상호 독립적인 경우도 있을 수 있다는 점이다. 이와 같은 관계의 복잡성을 고려할 때, 현재 우리가 무엇을 어떻게 왜 믿고 있으며,

[그림 4-1] 2011년 캐나다 전국가구조사(National Household Survey)의 종교인구통계

	A	B	C	D
1	Religion (108), Immigrant Status and Period of Immigration (11), Age Groups (10) and Sex (3) for			
2	Geography = Canada [1]			
3	Global non-response rate (GNR) [2] = 26.1 %			
4	Age groups (10) = Total - Age groups			
5	Sex (3) = Total - Sex			
6	Religion (108)	Total - Immigran	Non-immigran	Immigrants
7	Total - Religion	32852320	25720175	6775765
8	Buddhist	366830	104955	252585
9	Christian	22102745	18253790	3669435
10	Anglican	1631845	1414665	211225
11	Baptist	635840	514775	114300
12	Catholic	12810705	10784945	1928125
13	Assyrian Chaldean Catholic	1510	260	1245
14	Greek Catholic, n.o.s.	14255	8640	5560
15	Maronite	6415	2075	4280
16	Melkite	1170	405	750
17	Roman Catholic	12728885	10725035	1906440
18	Ukrainian Catholic	51790	45270	6450
19	Catholic, n.i.e. [7]	6695	3260	3405
20	Christian Orthodox	550690	231745	313640
21	Antiochian Orthodox	1220	645	575
22	Armenian Orthodox/Apostolic	13730	4235	9450
23	Bulgarian Orthodox	1765	235	1520
24	Coptic Orthodox	16255	3365	12645
25	Ethiopian Orthodox	3025	765	2245
26	Greek Orthodox	220255	124985	94360
27	Macedonian Orthodox	4945	2625	2300
28	Romanian Orthodox	7090	2100	4945
29	Russian Orthodox	25245	5565	19135
30	Serbian Orthodox	22780	7400	15240
31	Syrian/Syriac Orthodox	3060	1005	2000
32	Ukrainian Orthodox	23845	19695	3990
33	Christian Orthodox, n.i.e.	207480	59120	145230
34	Lutheran	478185	391110	84555
35	Pentecostal	478705	354320	118120
36	Presbyterian	472385	374110	94485
37	United Church	2007610	1915075	90570
38	Other Christian	3036785	2273050	714415
39	Amish	3310	3020	285
40	Apostolic Christian Church	1600	810	765
41	Associated Gospel	5700	5270	425
42	Brethren in Christ	18110	16060	2000
43	Charismatic	1965	1495	350
44	Christadelphian	3000	2385	580
45	Christian and Missionary Alliance	50725	42320	8280
46	Christian Congregational	2510	1930	540
47	Christian or Plymouth Brethren	5370	4425	920
48	Churches of Christ/Christian Churches [8]	15820	7585	7580
49	Church of God	7290	4090	3015
50	Church of Jesus Christ of Latter-day Saints	105365	89245	14335
51	Church of the Nazarene	9015	7830	1170
52	Community of Christ [9]	3300	3160	135
53	Doukhobor	2290	2280	0
54	Evangelical, n.o.s.	92655	71790	19790
55	Evangelical Free Church	6540	5510	1025
56	Evangelical Missionary Church	7820	7140	670
57	Free Methodist	10560	9880	660
58	Grace Communion International [10]	605	455	150
59	Iglesia ni Cristo	4980	980	3680
60	Jehovah's Witness	137775	105615	30565
61	Mennonite	175880	147065	28070
62	Methodist, n.i.e.	22750	8260	13385
63	Mission de l'Esprit Saint	515	485	35
64	Moravian	5020	4440	530
65	New Apostolic	5220	3750	1460
66	Protestant, n.o.s.	550965	455950	90685
67	Quaker	2720	1700	1000
68	Reformed	102830	77400	25015
69	Canadian Reformed Church	10115	8600	1495
70	Christian Reformed Church	65400	50250	15040
71	Dutch Reformed Church	4355	2355	1910
72	Free Reformed Church	1720	1255	460
73	Netherlands Reformed	2255	1815	435
74	United Reformed Church	3065	2255	795
75	Reformed, n.i.e.	15930	10870	4880
76	Salvation Army	70955	68550	2355
77	Seventh-day Adventist	66940	34465	30100
78	Swedenborgian (New Church)	830	710	125
79	Vineyard Christian Fellowship	1585	1520	65
80	Wesleyan [11]	13295	12300	965
81	Interdenominational Christian	1820	1485	320
82	Non-denominational Christian	43590	38755	4650
83	Christian, n.i.e. [12]	1475575	1022960	418725
84	Hindu	497960	131200	350655
85	Jewish	329500	226520	99250
86	Muslim	1053945	294710	720125
87	Sikh	454965	162670	284610
88	Traditional (Aboriginal) Spirituality	64940	63825	800
89	Other religions	130835	92270	37210
90	Baha'i	18945	9725	9040
91	Eckankar	2255	1820	430
92	Gnostic	870	695	180
93	Jain	3320	745	2470
94	New Age	2230	2050	175
95	New Thought-Unity-Religious Science	2565	2115	435
96	Pagan	25495	23430	1930
97	Wiccan	10225	9480	710
98	Pagan, n.i.e.	15265	13945	1225
99	Pantheist	1000	845	150
100	Rastafarian	1055	645	380
101	Satanist	1050	980	65
102	Scientologist	1745	1515	210
103	Shinto	915	165	630
104	Spiritualist	4315	3495	745
105	Taoist	3620	1520	2030
106	Unitarian	15125	11650	3365
107	Zoroastrian	6130	1085	5020
108	Other religions, n.i.e.	40195	29795	9945

그런 다양한 믿음들이 사회의 다른 영역들과 어떻게 관계되어 있고, 또 앞으로 그 관계가 어떻게 변할지를 문화백과사전이나 디지털백과사전과 같은 기계적 데이터베이스의 한 항목으로서 기술된 '종교'로부터는 결코 유추할 수 없을 것이다.

한국의 종교현황에 대한 국제적 인식

한국의 종교문화에 대한 아카이브 형태의 정보화 작업이 필요한 가장 실질적인 이유 가운데 하나는 국제적으로 한국 종교현황에 대한 자의적이면서 서구 중심적인 데이터베이스들의 빠른 확산에 있다. 이런 DB들에서 기독교문화, 다인종, 다이주민 사회의 기준으로 종교인구를 범주화함으로써 한국의 실제적 종교현황과는 매우 괴리된 설명들이 범람할 수밖에 없다. 특히 최근 들어 한국의 연예오락, 음식, 의류 등의 물질문화가 국제적으로 유행하고 빠르게 보급되는 것과는 대조적으로 한국적 정신문화를 핵심적으로 상징하는 종교문화 및 그 현황에 대한 국세화 단계는 암흑과 같은 수준에 머물러 있다.

예를 들어, [그림 7-2]에서 보는 것처럼 종교통계와 관련하여 국제적으로 가장 많이 인용되고 있는 Pew Research Center의 Religion & Public Life Project에서는 한국의 민속종교와 무슬림 인구수를 각각 40만 명과 10만 명으로 표시하고 있다. 이런 종교인구통계가 Pew Research Center의 자체적인 조사결과에 기초한 것이지만, 국내에는 무슬림과 민속종교에 대한 어떠한 공식적 통계도 없기 때문에 해외 데이터베이스의 자료를 바로잡거나 부인하기도 어려운 실정이다. 만약 Pew Research Center의 조사결과를 그대로 수용한다면, 2015년 인구주택총조사 기준으로 민속종교는 국내 4대 종교가 되며, 이슬람은 유교나 원불교 인구와 비슷한 수준의 비중을 갖게 된다.

또한, World Christian Database에서 조사한 세계 각국의 종교 인구통계를 ARDA(the Association of Religion Data Archive)가 인용한 자료 중 일부만을 발췌한 〈표 4-1〉에서도 한국 종교현황에 대한 국제적 인식의 문제점이 잘 드러난다. 이 조사결과의 문제점은 크게 두 가지로 압축될 수 있다. 첫째, 종교인구분포 비율 그 자체에 대해 거의 대부분의 한국 종교연구자들은 동의하기 어려울 것이다. 특히, 유교인구가 전체 인구의 10.9%, 신종교인구가 14.2%라는 부분은 2005년 인구총조사의 결과와는 거의 10배 가까운 차이를 보이고 있다. 둘째, 종교별 범주화가 한국적 상황과 큰 차이가

〈표 4-1〉 World Christian Database(2010년)의 한국 종교인구비율

	Korea	Eastern Asia	World
Buddhist	24.8%	19.0%	7.2%
Christian	33.4%	8.1%	32.8%
Confucianist	10.9%	0.4%	0.1%
Ethnoreligionist	14.7%	4.4%	3.5%
Neoreligionists	14.2%	2.8%	0.9%

있다. 민족종교[01] 신자들이 14.7%라는 결과는 종교 관련 데이터를 분류 또는 유형화하는 작업이 얼마나 중요한지를 잘 보여주고 있다. 다양한 이민자들로 구성된 유럽이나 북미에서는 흔하게 보이는 민족종교들이 한국에서는 거의 찾기가 어렵다는 것을 고려할 때, 민족종교의 범주에 해당되는 종교인구비율이 정확히 어떤 종교인들을 지칭하는 것인지 한국의 종교연구자들조차 이해하기 어렵다.

〈표 4-2〉 한국의 종교인구를 게시한 UN Data[02]

Religion(2005년)	Value
Total	47,041,434
Buddhist	10,726,463
Catholic	5,146,147
Christian	8,616,438
Confucian	104,575(105,575의 오기)
Other Religions	163,085
No Religion	21,865,160
Not Stated	205,508
Won Buddhist	129,907
Ch'ondo-gyo	45,835
Taejong-gyo	3,766
Daesoonjillihoi(증산교의 오기)	34,550

01 민족성(ethnicity)과 밀접히 결합된 종교단체들을 의미한다. 예를 들어, 베트남 또는 태국 이민자들의 불교단체, 필리핀 이민자들의 가톨릭단체, 중국 교포들의 개신교회들처럼 민족적 기원과 종교적 전통이 결합된 종교단체들이 외국인 노동자들의 증가와 함께 한국 내에도 다수 존재하고 있다.

02 http://data.un.org/Data.aspx?d=POP&f=tableCode%3a28(2017년 2월 28일 마지막 접속)

앞의 〈표 4-2〉는 명실상부한 국제적 기구로서 전 세계 모든 회원국들에게 한국에 관한 정보를 제공하는 유엔데이터(UN Data)의 한국 종교인구분포에 관한 자료이다. 2005년의 인구주택총조사 결과를 그대로 게시한 것으로 추정됨에도 불구하고 몇 가지 오류가 발견된다. 먼저, 유교인구의 경우 105,575명이 정확한 숫자이며, 다음으로 2005년 조사에서는 해당 설문의 종교범주에서 대순진리회가 누락되고 대신 증산교가 들어가 있었다. 따라서 〈표 4-2〉에서 대순진리회로 표기된 34,550명은 증산교인의 숫자이며 대순진리회가 아니다. 같은 증산계열이지만 양 교단 모두가 상호 간의 분명한 차별성을 공언하고 있는 것을 감안할 때 이러한 종교범주의 오류는 국제적으로나 국내적으로 큰 혼란을 낳을 수 있다.

이처럼 실제 현실과 동떨어진 한국의 종교현황이 해외의 주요 종교 관련 데이터베이스들을 지배하고 있는 근본적 이유는 두말할 필요도 없이 한국 정부 스스로 그것들을 종합적으로 조사하고 정리해 본 적이 없고, 외국어로 된 자료를 발행한 일도 없기 때문이다. 세계 10대 교역국의 위상에 걸맞은 한국의 정신과 종교문화에 대한 국내외적 수요는 꾸준히 증가하고 있는 반면에, 종무실에서 비정기적으로 간행하고 있는 『한국의 종교현황』은 영문판이 없을 뿐만 아니라 그 자료 자체의 신뢰성과 정확성에 있어서도 적지 않은 오류로 인해 학문적 통계로 인용되기 어렵다(유광석, 2014b). 특히, 기성종교들의 한국적 독특성뿐만 아니라 외국인들이 한국의 종교문화를 이해하는 데 기초적 정보가 될 수 있는 자생적 신종교단체들의 현황, 민속신앙의 유형과 실태, 지역적 분포 등도 종합적으로 반영한 통합적 종교데이터베이스가 필요할 것이다. 이를 위해서는 무엇보다 정부차원에서 한국의 종교데이터베이스를 만드는 데 지속적인 투자와 노력이 요구되며 종교통계와 정보에 대한 학문적 관심을 증진시켜야 한다.

생활종교

종교정보학은 개별 종교전통의 경전, 교리, 역사 등의 제도적 차원에 편중된 기존의 종교연구 경향을 보완하고, 특정한 종교적 신앙을 실천하는 신자들의 삶의 맥락에서 체험된 '생활종교(lived religion)'를 이해할 수 있는 기초연구이다. 최근 종교연구의 국제적 추세는 개별 종교의 제도, 조직, 의례, 성직자 계급에 대한 연구로부터 종교신자들의 일상생활 속의 종교적 실천에 대한 집중적 연구로 확상되고 있다(McGuire, 2008; Ammerman, 2006: 219-234; Orsi, 2003; Parker, 1998). 이러한 연구 경향의 변화는 종교를 고정된 실체로 간주하는 정태적(static)이고 기능주의적인 입장, 혹은 '보편적이고 추상적인 종교' 관념에 근거한 신학적이고 엘리트주의적인 입장에 대한 비판에서 비롯된 것이라 할 수 있다. 정태적이고 신학적인 입장의 종교연구에 대한 비판적 시각은 '종교'라는 개념의 '물상화(reification)'에 대한 스미스(W. C. Smith)의 고전적 비판으로부터 최근의 '원시주의(primitivism)'를 통한 토착종교연구의 경향에 대한 기어츠(A. Geertz)의 비판 등 모두를 관통하고 있는 것으로서, 이들은 모두 '생활종교' 혹은 '역동적인 현상으로서 일상에서 경험되는 종교'에 대한 이해의 필요성을 역설하고 있다.

이러한 입장의 변화를 보여주는 구체적인 사례들로서, 우리는 특정지역에서 참여관찰에 바탕을 두고 형성된 인류학자의 문화기술지나 특정인에 대한 심층 인터뷰를 통해 이루어지는 연구서들에서 이러한 '생활종교'의 목소리를 엿들을 수 있다. 문제는 이러한 유형의 연구들은 개별 연구자들에 의해 특정한 이론적 입장을 전제로 이루어진다는 점에서, 그리고 파편적인 목소리들만을 그대로 들려준다는 점에서 한계를 드러낸다. 종교정보학적 관점에서 추구되는 한국 종교데이터베이스 구축은 개별적 종교연구자들이 '생활종교'를 이해하는 데 기본적인 자료 제공이라는 목적 이외에도, 이러한 자료를 바탕으로 관찰된 결과를 한국의 전반적인 종교상황 내에서 파악하고 맥락적인 이해를 가능케 하는 의의를 가지게 될 것이다. 특히, 개별 연구자들을 위한 체계적인 자료의 서비스라는 목적 이외에도, 그것은 종교정책의 입안자에게 보다 신뢰성 높은 자료를 제공할 수 있다는 가치를 갖는다. 더불어 종교 관련 문화산업이라는 부가적인 가치를 창출하게 될 것이다. 이러한 목적을 위한 한국 종교데이터베이스의 특성과 구축 방향은 다음과 같다.

시각적으로 편리하고 신속하게 이용할 수 있도록 최종적으로 완성된 데이터베이스를 웹페이지와 애플리케이션 방식으로 일반인과 전문연구자들에게 무료로 개방함으로써 기존의 폐쇄적인 종교조사 자료들의 한계를 극복해야 한다. 체계적으로 분류된 종교데이터베이스는 종교인들뿐만 아니라 2015년 인구센서스 기준 한국 인구의 약 43%를 차지하는 비종교인들에게도 일상에서 흔히 접하는 종교단체들의 역사, 교리, 지역분포, 사회적 및 정치적 태도 등을 제공함으로써 일반대중과 정책당국 모두에게 편리하고 접근이 용이한 지식정보원으로 기능할 것이다. 대부분의 인문학적 종교연구들이 대중이나 정책적 현실에서 스스로를 소외시키고 고립시킴으로써 종교연구의 방향을 제한시킨 것과 대조적으로, 대중 친화적이고 개방적이면서 쌍방향적 소통을 추구하는 실용적인 데이터베이스의 구축이 장기적 목표가 된다.

한편, 종교일반에 대한 정보화 작업은 주요 교단 중심의 불균형적 종교정보화 단계를 지양하고, 기존 연구에서 소홀히 취급되었던 민속종교나 신종교들에 대한 통계 및 조사자료들까지 폭넓게 데이터베이스화하는 것이 중요하다. 종교시장의 공급자들은 갈수록 다양해지고 있는 데 반해, 신종교단체의 현황은『한국신종교실태조사보고서』(1997년) 이후 제대로 파악되고 있지 않는 상태이다. 2014년 세월호 사건에 연루된 기독교복음침례회(구원파)의 사례는 한국사회 내에 존재하는 수많은 종파 및 컬트(cult)에 대한 통계적 정보의 부족이 매우 심각할 뿐만 아니라 그러한 정보가 사회적 및 정책적으로도 더없이 중요한 것임을 증명하고 있다. 이외에도, 최근 한국에서 빠르게 확산되고 있지만 공식적인 통계자료가 거의 없는 무속, 역술, 풍수, 점성술과 같은 민속종교의 현황과 이슬람, 힌두교, 민족종교 등은 전문적인 종교연구자들조차 추측과 짐작만 할 뿐 정확한 실태조사나 통계치를 전혀 알 수 없다. 외국인 노동자들의 지속적 유입과 그에 따른 종교적 이질성의 증대가 향후 우리 사회에

심각한 사회문제로 대두될 것이 자명하다면, 최소한 그들의 종교적 커뮤니티에 대한 현황 파악만이라도 정확히 해 두는 것이 필요할 것이다.

종교데이터베이스의 해외 사례들

종교데이터베이스 구축은 향후 다양한 특허권 및 저작권을 확보함으로써 실질적인 가치를 창출할 수 있다. 유럽과 북미에서 세계적 차원의 종교아카이브에 대규모 투자를 하는 이유도 종교문화정보서비스의 유료화를 통한 경제적 가치창출을 기대하기 때문이다. 따라서 한국적 기술과 문화적 맥락에서 제작된 종교아카이브를 만들지 않고 이 분야에 대한 연구투자를 지속적으로 하지 않는다면 유럽이나 북미의 정보시스템에서 제작한 한국의 종교문화아카이브에 대해 로열티와 저작권료를 지불하고서 자료들을 구매해야 하는 시대가 곧 도래할 것이다. 이것이 아직 시작도 하지 못한 한국의 종교정보학에 대한 집중적 연구투자가 시급히 요청되는 중요한 경제적 이유이다.

ARDA(The Association of Religion Data Archives)는 미국의 펜실베이니아대학이 국무부의 지원으로 완성하고 [그림 4-2]와 같이 미국 전역의 종교전자문화지도를 GIS(Geographic Information System)의 형태로 개발하여 일반에 제공하고 있다. [그림 4-2]에서 보는 것처럼 지역 내 종교조직에 대한 정보를 정확히 구현하여 종

[그림 4-2] 미국 종교데이터협회(ARDA)의 GIS지도(Los Angeles 예시)

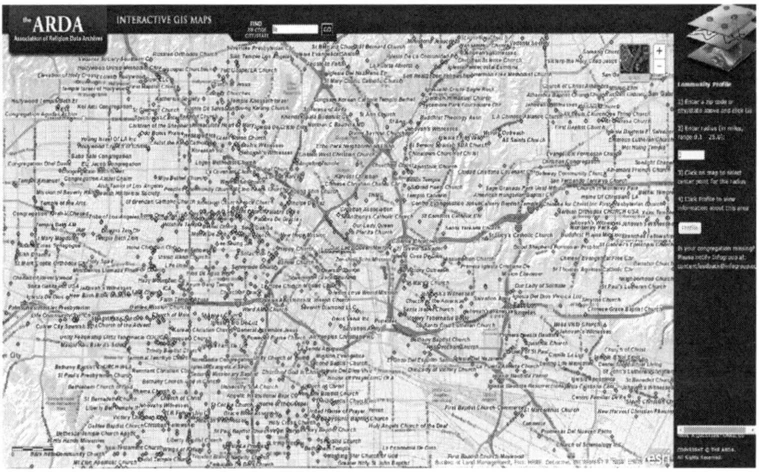

교적 테러리즘과 인권, 종교정책, 문화 및 관광, 디지털지도 산업 등에 많은 영향을 주고 있으며 향후 10년 내 국제적 수준의 종교전자문화지도를 제작한다는 목표 아래 많은 투자를 하고 있다.

미국 이외의 지역에 대한 GIS 기반 종교지도가 개발된 곳은 중국이 유일하며, [그림 4-3]에서 보듯이 미시간대학에 속해 있었던 중국데이터센터(China Data Center)가 개발한 지도의 경우 실제 1,800 달러를 수수료로 부과하고 웹사이트에서 이용할 수 있도록 하고 있다. 또한, [그림 4-4]의 경우는 미국 퍼듀대학(Purdue Unversity)의 펭강 양(Fenggang Yang) 교수팀이 John Temple Foundation의 지원으로 개발한 GIS 기반 중국 종교지도이다. 동시대 중국 내 종교인, 단체 및 조직분포를 가장 정확히 구현한 것으로 평가받고 있으며, 이러한 지도개발은 단순한 종교연구의 형태로 포장되고 있지만

[그림 4-3] 중국데이터센터(CDC)의 GIS 기반 중국 종교지도

정치 및 경제적으로도 매우 중요한 실증적 데이터로서 활용되고 있다. 중국의 종교적 현실에 대해 미국 정부나 사회가 얼마나 실증적인 정보를 필요로 하는지를 잘 보여주는 사례이며, 공산주의 정치이데올로기로 50년 이상을 세뇌당한 중국인들이 종교적으로 얼마나 다양한 정체성을 갖고 있는지를 계량적으로 설명해 준다.

[그림 4-4] 펭강 양(Fenggang Yang)의 GIS 기반 중국 종교지도

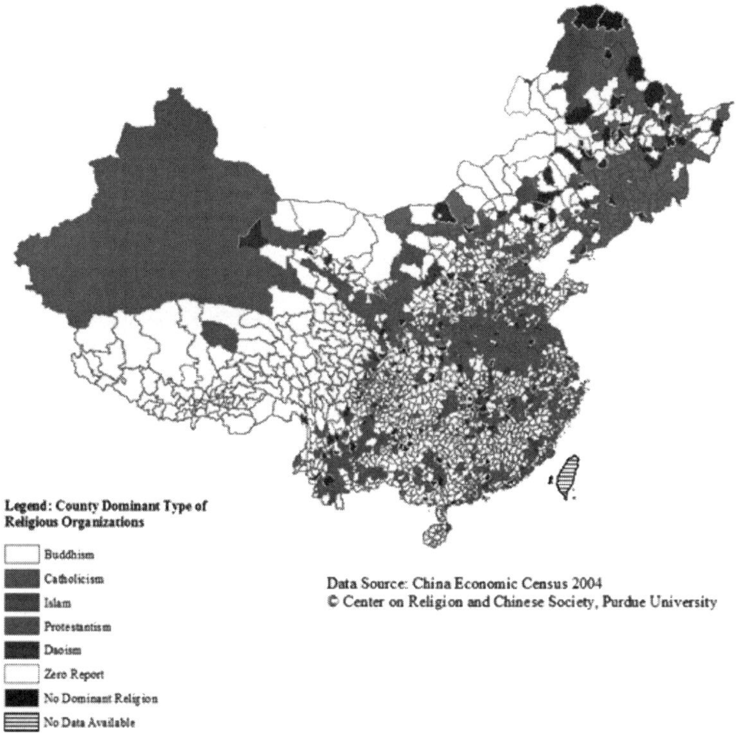

PART 2

CHAPTER 05 종교소수자와 국제관계

CHAPTER 06 종교시장과 시민사회

CHAPTER 07 종교시장과 종교통계

CHAPTER 08 종교와 환경

CHAPTER 09 종교시장정책의 한계와 과제

CHAPTER
05

종교소수자와 국제관계[01]

소수종교와 양심적 집총거부

기독교 평화주의

다원주의 명제와 종교시장

한국의 종교사회학자들조차 가장 등한시하고 소홀히 취급했던 분야 중의 하나가 종교시장과 국제관계의 상관성에 대한 연구이다. 이것은 현실적으로나 이론적으로 국내에서 발생하는 종교적 문제들은 온전히 국가주권의 배타적 관할하에 있고, 외부의 간섭이나 영향으로부터 분리 가능한 독립된 사안이라고 믿는 우리 사회의 일반적 경향을 반영하고 있었다. 이처럼 종교에 대한 이해가 국가이데올로기의 영향 아래 편협하고 소극적인 방향으로 경도되는 상황에 경종을 울린 대표적 사건은 당연히 양심적 집총거부자들(conscientious objectors)의 문제이다. 국내에서 양심적 집총거부자들과 세속적 정권의 갈등이 등대사(燈臺社) 사건처럼 일제 강점기부터 군사정권을 거쳐 오늘날까지 지속적으로 하나의 사회문제로서 존재해 왔음에도 불구하고 이 문제를 학문적으로 분석하거나 이해하고자 하는 노력은 거의 찾아보기 어렵다. 따라서 이 장은 양심적 집총거부자들의 문제를 중심으로 한국의 종교적 소수자들이 수적으로 소수라는 이유만으로 학문적 및 정책적으로 주변화되고 소홀히 취급될 수 없는 다양한 학문적 이유와 시대적 상황에 대한 분석을 제시하고자 한다.

양심적 집총거부자들에 대한 한국 정부의 대응이 국제문제로 인식되기 시작한 계기는 관련 학자들이나 기성종교인들 또는 시민단체의 노력에 의한 것이 아니라 국내 실정법에 대해 여호와의 증인들 스스로가 장기간에 걸쳐 저항하고 투옥당한 후에야 비로소 알려

---

01 본 장은 2018년 *Religions* Vol.9, Issue II에 게재한 논문을 번역하고 수정한 것임.

진 국제사회의 불가피한 개입 때문이었다고 하는 것이 정직한 설명일 것이다. 무엇보다 1991년 남북한이 유엔에 동시가입하면서 한국은 매년 유엔인권위원회(UN Commission on Human Rights)에 인권상황을 보고해야 하는 의무를 갖게 되고 이러한 보고를 통해 한국의 양심적 집총거부자들에 대한 형사처벌과 그 실태가 차츰 국제적으로 알려지게 되었다. 국제정치적으로는 1990년대 이후 공산주의체제의 붕괴와 함께 보스니아 내전과 같은 종교적 및 인종적 분쟁이 크게 증가하면서 국제평화를 증진시키기 위해 모든 국가에서 종교적 자유를 실질적으로 보장하는 것이 국제사회의 중요한 정치적 어젠다가 되었다. 이에 미국은 1998년 국제종교자유법(International Religious Freedom Act)을 제정하고, 미국 국무부는 1999년부터 매년 의회에 국제종교자유보고서(International Religious Freedom Report: IRFR)를 제출하고 있다. IRFR의 주요 내용은 크게 세 가지로 정리될 수 있다. ① 각 나라의 종교적 자유의 현황과 실태파악, ② 단체 또는 교파 및 개인의 종교적 신념과 관행을 억압하는 각국 정부의 정책, ③ 전 세계에서 종교적 자유를 증진시키려는 미국의 외교정책이다.[02]

이렇게 탄생한 IRFR은 미국 정부의 외교정책과 해외원조에 관한 정보를 제공하는 데 중요한 참고자료가 될 뿐만 아니라 국제기구, 비정부기구, 법률전문가, 학자 및 언론인에 의한 국가 간의 종교적

02 International Religious Freedom Report Archive, 1997-2000. 미 국무부 산하 민주주의, 인권 및 노동국(Bureau of Democracy, Human Rights, and Labor, U.S. Department of State)에서 발행. http://www.state.gov/www/global/human_rights/irf/irf_rpt/index.html(2015년 12월 5일 접속).

인권 상태를 비교하는 데도 사용된다. 이 보고서가 그 자체로는 아무런 법적 효력이 없는 것임에도 불구하고, 보고서의 준거법인 IRFA 제405조는 종교적 자유를 지속적이고 중대하게 침해하거나 묵인하는 외국 정부들에 대해 미 대통령에게 다양한 제재를 부과할 수 있는 권한을 부여하고 있다. 심지어 경제적 · 과학적 · 문화적 및 인적 교류의 중단과 함께 위반행위를 중단시키기 위해 양자 간 또는 다자 간 협상을 해당 국가와 진행하도록 명문화하고 있다.

종교적 자유를 제한하는 한국 정부의 종교정책과 관련하여서는 1998년 방북 후 체포된 문규현 신부에 대한 재판결과를 1999년부터 2003년까지 지속적으로 보고하고 있을 뿐 특별히 부정적인 내용이 없었다(IRFR, 1999-2003). 하지만 2004년 보고서부터는 국내의 양심적 집총거부자들에 대한 형사처벌과 수감자 규모를 매년 빠짐없이 주요한 침해사항으로 다루면서 한국 정부와 미국 관리들이 꾸준한 협상을 진행하고 있다고 보고한다(IRFR, 2004-2018). 특히 2006년 유엔자유권규약위원회(UN Human Rights Committee)에서 한국 정부가 대체복무를 인정하지 않고 양심적 집총거부자를 형사처벌하는 것은 유엔 인권법의 주요 헌장인 자유권규약(International Covenant on Civil and Political Rights: ICCPR) 제18조 위반임을 결정한 이후로, 유엔인권이사회(UN Human Rights Council)의 이사국이었던 한국의 양심적 집총거부자들에 대한 형사처벌은 유엔인권이사회의 주요 쟁점이 되었다(박찬운, 2014: 9-10). IRFR은 비록 유엔자유권규약(ICCPR)이나 유럽인권협약(European Convention on Human Rights: ECHR)과 같은 국제인권법이 아니라 미국 정부의 단순한 외교정책보고서이지만 미국 정부에 대한 한국 정부의 의존도를 고려할 때 IRFR에 기초하여 대체복무제 도입을 요구하는 미국 정부의 압력을 한국 정부는 쉽게 무시할 수 없었을 것이다.

역사적으로 보면 한국 정부는 1948년 최초의 건국헌법에서부터 1987년 헌법까지 종교적 자유와 국교분리를 명문화하고 종교적 자유를 기본적 인권으로 명시했다. 두 개념이 한국의 역사적 및 문화적 전통과는 맞지 않는 낯선 개념이었음에도 불구하고, 종교와 국가의 관계설정이나 종교적 자유의 본질을 이해하는 방식은 기본적으로 국가권력의 도덕적 정당성을 긍정하는 큰 틀 안에서 논의되면 충분한 것처럼 보였다. 개념적으로 보면, IRFR이 지극히 미국적이고 기독교적인 방식으로 종교적 자유를 이해하는 반면(Smith, 2001: 153) 한국의 종교적 자유는 식민주의와 근대화에서 파생된 개념이다. 사실 해방 이후 국가와 종교의 분리 원칙이 종교적 자유를 보장하기 위한 제도적 근거로서 헌법에 명문화되었지만 실제 사회에서 이 원칙이 엄격하게 지켜지지는 못했다. 자신의 종교적 신념이 무엇이든, 한국 사람들은 종교적 교리와 국가 이익의 충돌이 존재한다고 생각하지 않았다. 교권(敎權)과 왕권(王權)이 일정하게 분리된 전통을 축적해 온 기독교적 전통과 달리 유교적 위계질서에서는 개인의 종교적 신념에 상관없이 모든 국민들이 절대적인 권위를 가진 왕에게 복종할 것을 강요당했다. 오늘날 민족국가(nation state)의 절대적 주권 개념에 대해서도 한국에서는 이러한 유교적 전통의 복종과 정당성이 부여되고 있는 것처럼 보인다.

분명히 종교적 자유의 개념과 적용방식에 대한 문화적 차이를 고려할 때 양심적 집총거부를 교리적 입장으로 추구하는 것은 한국적 종교전통에서는 매우 낯설고 이질적인 종교행위라고 할 수 있다. 그러나 한국의 역사적 · 사회적 · 문화적 맥락에 대한 충분한 고려 없이 IRFR과 유엔인권이사회, 유럽인권재판소 등은 한국 정부가 대체복무제를 도입하지 않고 양심적 집총거부자들을 일괄적으로 형사처벌하는 것은 보편적 인간의 인권을 침해한 것이라 단정하고 있다. 유엔인권고등판무관실(UN High Commissioner for Human Rights: UNHCHR)에 따르면 전 세계 양심적 집총거부자의 92.5%가 한국인이며,[03] 워치타워(Watch Tower)는 연감을 통해 1950년 이후 한국에서 여호와의 증인들 17,000여 명이 집총거부로 인해 수감되었다고 한다.[04] 이러한 통계가 아니라도 양심적 집총거부 문제는 항상 한국에서 뜨거운 사회적 논쟁거리 중의 하나가 되었으며, 한국 사회에서 종교와 국가의 관계, 소수종교에 대한 사회적 태도, 국제적 인권문제, 대체복무제와 관련한 입법활동 등 다양한 분야에서 상당한 영향을 미쳤다. 미국의 워치타워 본부는 미국 정부가 보편적 인권의 차원에서 한국의 양심적 집총거부자들의 문제를 접근하도록 압력을 가함으로써 그들은 이 문제의 종교적 및 문화적 측면을 외교적 · 정치적 문제로 전환하고자 하였다.

---

03 International Religious Freedom Report for 2013, "Republic of Korea," http://www.state.gov/j/drl/rls/irf/2013religiousfreedom/index.htm?year=2013&dlid=222141(2015년 12월 21일 접속)

04 Watch Tower Bible and Track Society, 2013 *Yearbook of Jehovah's Witnesses*(New York: Watch Tower Bible and Track Society, 2014), 40.

소수종교와 양심적 집총거부

유럽과 미국에서는 이미 양심적 집총거부자들에 관한 많은 이론적 연구가 축적되어 있다. 그중 소수종교집단에 대한 법적 연구는 역사적 · 사회적 · 심리적 · 정치적 및 경제적 접근과 같은 다른 분야보다 압도적이고 지배적인 연구 경향으로서(Kaplan, 1989; Richardson, 1995: 249–264; Peters, 2000; Richardson and Introvigne, 2001: 143–168) 변화하고 있는 판결, 법률, 행위 및 헌법에 대한 분석과 해석을 통해 종교적 신념에 기초한 양심적 집총거부의 법적 문제와 종교정책을 이해하는 데에 큰 도움을 준다(Todd, 1969: 1734–1749; Barker, 1982; Flowers, 2002; Richardson, 2006: 271–294). 다른 한편으로 양심적 집총거부자들의 사상적 근거인 종교적 평화주의(religious pacifism)는 가톨릭이나 개신교의 다양한 계승자들의 교리와 관행으로부터 발전한 중요한 종교적 전통이라는 점에서 사회역사적 접근이 요구된다. 이 연구들은 법적 문제보다는 양심적 집총거부의 기원, 정치, 사회, 문화적 요소들과의 관계를 이해하는 데 큰 기여를 했다(Stevenson, 1934: 437–451; Sibley, 1943: 439–454; Brock, 1968; Walters, 1973: 201–211; Moskos and Chambers II, 1993). 특히, 스티븐슨(Robert C. Stevenson)은 어거스틴(Augustine) 및 암브로스(Ambrose)와 같은 초기 기독교인들에서부터 급진적인 평화주의자로 알려진 퀘이커 교도에 이르기까지 기독교 전통의 개인적 평화주의가 집단적 또는 사회적 평화주의로 서구사회에서 진화한 방식을 잘 설명하고 있다

(Stevenson, 1934: 439-440). 그러나 양심적 집총거부에 대한 한국의 연구는 대부분 종교적 자유, 인권, 사회학이론, 법률비교연구, 사회윤리 등의 측면에서 다루었으며(김선택, 2002; 강승식, 2005: 223-257; 유경동, 2005: 192-220; 진상범, 2006: 191-217), 신학적 관점의 논문을 제외하면 여호와의 증인들의 양심적 집총거부 문제를 종교사회학적 관점에서 연구한 사례는 거의 없다(김두식, 2002; 유경동, 2005; 신원하, 2004). 앞서도 언급한 것처럼 한국의 양심적 집총거부자들이 처한 법적 지위에 대한 문화적 비교연구나 실증적 연구조사에 기초한 종교사회학적 연구는 찾아보기 어렵다.

종교정책적으로 양심적 집총거부자들의 문제는 종교시장에 존재할 수밖에 없는 종교적 불균형에 기인한 다양한 차별들 중의 한 가지 사례라고 할 수 있다. 종교다양성 사회에서는 다수종교가 소수종교를 통제하는 방식과 반대로 소수종교가 구조화된 기성질서에 대항하는 방식 양자는 그 사회의 역사적 및 문화적 전통을 고려하면서 소수종교가 선택하는 종교시장적 대응전략으로 결정되는 것이지 어떤 포괄적이고 객관적인 하나의 법원칙에 기인한 것이거나 해결될 수 있는 것이 아니다. 소수종교집단으로서 여호와의 증인들은 미국에서는 법적으로 보호받는 선량한 시민이지만, 한국에서는 법적으로 보호받지 못하는 범죄자로 취급되었다. 이 법적인 차이는 법적 시스템의 문제일 뿐만 아니라 그러한 법적 시스템을 정당화하는 사회 문화적 전통에 대응하기 위해 서로 다른 종교시장의 조건에 대해 소수종교들이 선택하는 전략적 사고의 산물이라고 할 수 있다. 요컨대 한국의 문화적 맥락에서 여호와의 증인들은 역사상

전례가 없었던 완전히 새로운 유형의 종교성 전략을 고수한 반면에, 기성종교들은 국가권력과 조화롭게 공존하고 협력하면서 상생할 수 있는 전략을 선택한 것이다.

〈표 5-1〉의 통계청 인구주택총조사에 따르면 2015년 전체 인구의 0.75% 정도 그리고 전체 종교인구의 1.7%만이 기독교와 불교를 제외한 다른 종교에 속해 있다.[05] 1985년부터 기독교(개신교와 천주교)와 불교를 제외한 소수종교들의 총인구 대비 종교인구의 비율이 1985년 1.95%에서 2015년 0.75%로 급격히 감소하였다. 이러한 결과는 다수종교들(개신교, 불교 및 천주교)과 나머지 소수종교들(유교, 원불교, 천도교, 대순진리회, 대종교 및 기타종교) 간의 극단적인 양극화현상이 인구주택총조사에 종교항목이 삽입된 1985년 이후 일관된 패턴으로 한국 종교시장에 존재해 왔고, 그 불균형의 정도 역시 심화되고 있다는 것을 보여준다. 기성종교와 국가권력에 의해 통제된 한국 종교시장의 구조적 불균형은 양심적 집총거부자들의 문제가 국제사회가 개입할 수 있는 보편적 인권의 문제가 아니라 종교다원주의의 부정적 측면으로서 양심적 집총거부자들의 비도덕성과 반사회성을 공격하는 방향으로 공적 담론을 형성시키고자 했다.

한국의 양심적 집총문제가 국제적 사안으로 부각되기 이전에는 여호와의 증인들의 극단적 평화주의는 전후 한국의 분단상황과는 양립할 수 없는 비합리적 종교성의 반영으로 간주되었다. 한국 정부는 양심적 집총거부자들이 주장하는 종교적 자유는 헌법 37조 2

05 통계청, 2015 인구주택총조사. http://kosis.kr/eng/statisticsList/statisticsList_01List.jsp?vwcd=MT_ETITLE&parentId=A(2015년 12월 23일 접속).

〈표 5-1〉 다수종교와 소수종교의 인구별 격차(1985~2015년)

구분 / 종교별	인구센서스 종교인구분포(명)							
	2015		2005		1995		1985	
불교	7,619,332 (29%↓)	21,185,404 (43.1%)	10,726,463	24,489,048 (52.0%)	10,321,012 (28%↑)	22,032,078 (49.4%)	8,059,624	16,414,303 (40.6%)
개신교	9,675,761 (12%↑)		8,616,438		8,760,336 (34%↑)		6,489,282	
천주교	3,890,311 (32%↓)		5,146,147 (74%↑)		2,950,730 (61%↑)		1,865,397	
유교	75,703 (28%↓)	368,270 (0.75%)	105,575 (50%↓)	483,718 (1.0%)	210,927 (56%↓)	565,746 (1.26%)	483,366	790,993 (1.95%)
천도교	65,964 (44%↑)		45,835 (62%↑)		28,184		28,818	
대순진리회	41,176 (33%↓)		(증산교 35,550)		62,056			
원불교	84,141 (35%↓)		129,907 (49%↑)		86,823 (6%↓)		92,302	
대종교	3,101		3,766		7,603		11,030	
기타	98,185 (39.7%↓)		163,085		170,153		175,477	
종교인구	21,553,674		24,970,776		22,597,824		17,203,296	
총인구	49,052,389		47,041,434		44,553,710		40,419,652	

항의 국가안전보장, 질서유지 및 공공복리를 위해 제한 가능한 상대적 자유로 판단하고, 특히 군부정권 시절에는 반공이데올로기로 무장한 관료들과 기성종교인들은 양심적 집총거부 그 자체를 일종의 이적행위로 규정했다. 한홍구 교수의 조사에 따르면(2004), 경남 거제 출신의 이춘길이라는 청년은 1976년 3월 19일 39사단 헌병대에 입창 중에 구타로 인한 비장 파열로 사망했고, 병무청이나 군당국은 병역기피율 0%를 달성하기 위해 징역을 살고 나오는 사람들—1970년대에는 지금과는 달리 징역을 살고 나와도 영장이 계속 발부됐다.—이 교도소 문을 나서기 전에 병무청 직원을 동원하여 입영통지서도 없이 다시 잡아가 총을 주고 거부하면 다시 재판에 회부하는 악랄한 방식을 사용했다고 한다.

[그림 5-1] 한국에서 수감 및 계류 중인 양심적 집총거부자들의 추이[06]

---

06 https://www.jw.org/en/news/legal/by-region/south-korea/jehovahs-witnesses-in-prison(2018년 9월 10일 접속).

정부의 이러한 대응방법은 최근까지 크게 변화되지 않았다. 하지만 2000년대 이후 미국 정부와 유엔의 강력한 대체복무제 도입요구에 직면하면서 급기야 국방부가 2007년 9월 대체복무제 도입을 공식 선언했을 때 극적인 정책적 반전을 맞게 된다. 그러나 이명박 정권의 출범이 확정되자 국방부는 2008년 11월 대전대학교에 의뢰한 여론조사 결과를 바탕으로 응답자의 68.1%가 대체복무에 반대한 것으로 조사되었다고 밝히면서 대체복무제 도입이 시기상조라 결정하고 일 년 만에 다시 기본정책을 번복하였다. 이러한 정책적 혼선은 지방법원이 2004년부터 양심적 집총거부자에 대해 무죄판결을 내리는 빈도가 높아지고, 상급심과 헌법재판소의 판결에 정면으로 배치되는 상황과 맞물리면서 대체복무제 도입을 위한 병역법 개정을 정부와 국회에 요구하기 시작했다(2004도2965; 2007도7941; 2002헌가1; 2008헌가22). 여기서 주목할 것은 2016년 한국앰네스티 조사에서처럼 대체복무제 도입과 양심적 집총거부에 대한 대중의 이해도 사이에는 매우 큰 간격이 존재한다는 점이다. 예를 들면, 응답자의 70%가 대체복무제 도입을 찬성했지만, 동시에 72%는 양심적 병역거부를 이해할 수 없다고 답했다. 이는 인권적 측면에서 대체복무제 도입의 정당성을 인정하지만, 양심적 집총거부의 교리적 · 윤리적 및 철학적 근거에 대해서는 납득하기 어렵다는 것을 의미한다. 쉽게 설명하면, 양심적 집총거부자들을 이해할 수는 없지만 그를 이유로 18개월씩 투옥하는 것은 반대한다는 것이다. 종교사회학적으로 보면 오늘날 한국 대중의 인권의식은 높은 반면에 소수종교인들에 대한 관용과 타협의식은 매우 낮은 수준임을 반영한다. 따라서 정부정책의 혼란보다 이러한 대중적 인식의 괴리가 양심적 집총거부에 대한 사회적 합의를 더욱 어렵게 만들고 있으며, 이런 상태에서의 대체복무제 도입은 문제를 근본적으로 해결하는 것이 아니라 국제적 압력과 국론의 극심한 분열을 막기 위한 임시방편적인 미봉책에 불과한 것이다.

기독교 평화주의

한국의 양심적 집총거부자들의 절대다수는 철학적 · 정치적 · 윤리적 이유가 아니라 종교적 평화주의 신념에 기초한 거부자들이라는 점에서 그들이 추구하는 기독교 평화주의전통에 대한 이해가 필수적이다. 이런 사실은 유럽과 미국에서 최근 증가하고 있는 비종교적 양심적 집총거부자들의 상황과는 매우 다른 것임에도 불구하고, IRFR은 결과에만 관심을 기울이고 그들의 동기와 특성에는 거의 관심을 두지 않는다.

기독교 평화주의(christian pacifism)의 전통을 고수하는 양심적 집총거부의 종교적 기원은 초기 기독교, 발도파(Waldenses) 및 재세례파(Anabaptist)와 같은 유럽의 개혁종파들까지 거슬러 올라간다(Kauffman, 1989: 368). 그러나 한국의 종교전통에서는 그 기원을 찾는 일이 쉽지 않다. 오히려 한국 불교는 불살생교리와 불국토사상을 권력 친화적으로 해석하여 역사 전반에 걸쳐 다양한 전쟁과 권력 투쟁에 적극적으로 참여함으로써 '호국 불교'라 불린다. 한국

개신교는 해방 이후 보수적 엘리트 정권을 만들고 유지하는 데 중요한 역할을 했으며, 가톨릭의 경우 중세시대부터 이미 정전론(just war theory)이 기본적 전쟁관으로 확립되었다. 사실 한국인들은 국가권력의 정당성을 전적으로 부인하는 급진적인 종교평화주의를 종교적 또는 역사적으로 경험한 적이 결코 없으며, 국가와 민족을 수호하기 위한 살생에 대해서는 개인적으로 종교적 죄책감을 느낄 필요가 없다고 배웠다. 이런 이유로 한국의 양심적 집총거부자들은 주류종교인들로부터 정치적 또는 정서적 지지조차 전혀 이끌어 내지 못했다.

퀘이커교도나 메노나이트들의 경우 종파적 평화주의(sectarian pacifism)를 고수하고 있기는 하지만 그들의 교세가 한국에서 사회적으로는 매우 미미한 상태임을 고려하면, 역사적으로 여호와의 증인들과 제칠안식교 두 종파는 한국에서 처음으로 기독교적 평화주의를 사회문제로 인식하도록 만들었다. 여호와의 증인들과 안식교는 1840년대 미국의 밀러주의 운동(Millerite movement)으로부터 파생된 천년왕국설을 신봉한다. 두 종파는 처음에는 교리적으로 매우 유사했을 뿐만 아니라 성장방식 및 전체 회원수의 증가율에서도 현저하게 비슷했다(Lawson, 1995: 353). 1912년과 1904년에 각각 처음으로 한국에 선교사를 파견한 이후 두 종파는 집총훈련과 징집거부 등의 문제로 일본 총독부의 심한 박해를 받았으며, 해방 이후에도 세속적 국가권력으로서의 군사정부와 높은 긴장관계를 유지했다. 국제적으로는 제1차 세계 대전과 제2차 세계 대전을 기점으로 여호와의 증인들은 징집과 집총 모두를 거부하는 강경한 입장을 유지했지만, 안식교는 비전투요원으로 전쟁에 참여하는 것을 허용하고 세속정부와 타협하기 시작했다(Penton, 1985; Stoltzfus, 2013; Brock, 2004). 특히, 안식교는 1960년대에 한국의 안식교인들에게 집총훈련과 병역의무 이행여부를 개인적으로 자유롭게 결정할 수 있다는 교리적 유연성을 허용한 반면에, 여호와의 증인들은 에미쉬(Amish), 퀘이커(Quakers), 형제파(Brethren)들과 함께 종파적 평화주의를 철저하게 지킬 것을 교리적으로 고수하면서 세속정권과 타협하기를 완강히 거부했다. 미국의 경우 1863년 이미 벌금 300달러로 대체징집을 허용하고 1940년 미 의회가 대체복무제법(Selective Service Act)을 제정하면서 종교적 이유의 양심적 집총거부를 폭넓게 인정한 반면에, 한국의 경우 여전히 대체복무제를 수용하는 병역법 개정에 국민적 합의를 도출하기 어려운 상황이다. 양심적 집총거부와 그로 인한 형사처벌로 인해 여호와의 증인이 되고자 하는 새로운 신자들은 지나치게 높게 진입비용이 발생함으로써 타종파들에 비해 여호와의 증인들은 양적 성장에 큰 제약을 받고 있다. 문화체육관광부 종무실에서 발행한 『한국종교현황』(2011)에 따르면, 여호와의 증인들은 약 100,000여 명의 회원을 가진 것으로 보고되지만, 안식교는 200만 명이 넘는다고 한다.

이론적으로 설명하면, 여호와의 증인들이나 안식교를 포함하여 모든 크고 작은 종교단체들은 기존의 실정법체제에서 자신들의 종교시장적 전략에 따라 세속정권과의 긴장의 정도를 자유롭게 결정할 수 있다(유광석, 2014a: 114-132). 스타크(Rodney Stark), 핑키(Roger Finke) 및 야나코네(Laurence. R. Iannaccone)와 같은 종교시장이론가들은 여호와의 증인들이 고수하고 있는 양심적 집총거부와 같은 종교전략을 종파적 조직의 성장에 암적인 존재로서 작용하는 무임승차자를 제거하기 위한 합리적 선택의 하나로 이해하고자 한다(Stark and Finke, 2000: 149; Stark and Iannaccone, 1997; Iannaccone, 1992). 무엇보다 이러한 극단적 전략은 종파나 교회유형에 상관없이 미국의 종교시장에서 교회성장을 위해서는 매우 효과적이었지만(Finke, 1997: 108-124; Iannaccone, 1994: 1180-1211; Finke and Iannaccone, 1993; 27-39), 미국과 달리 한국 종교시장에서는 교인 수를 증가시키는 데 크게 성공적이지 못했다. 결국, 양심적 집총거부에 대한 종교사회학적 이해는 보편적 인권법의 관점이 아니라 종교시장에서의 전략적 선택이 함께 고려될 때 좀 더 분명한 이해에 도달할 수 있다.

종교시장이론적 관점에서는 그들의 선택을 하나의 거시적 종교시장전략으로 이해할 수 있으며, IRFR과 국제인권법은 이러한 시장전략에 유용한 하나의 도구로서 기능하는 면이 있다. 앞서도 언급한 것처럼 워치타워(watch tower)의 뉴욕 본부는 IRFR과 국제인권법의 내용을 기초로 미국 정부가 한국 정부의 병역법 개정에 대해 외교적 압박을 가하도록 지속적인 로비를 하고 있다. 이처럼 세속적 국가권력을 사탄의 대리인으로 규정하고 일체의 협력을 거부하는 여호와의 증인들이 미국 정부의 외교적 힘을 이용하고자 하는 것은 교리적 일관성을 상실한 것처럼 보인다.[07] 그럼에도 불구하고

07 더 자세한 내용은 IRFR 참조. IRFR from 2004 to 2014, "Republic of Korea," http://www.state.gov/j/drl/irf/rpt/index.htm(2015년 12월 29일 접속)

한국의 보수적인 주류개신교 단체들로부터 통일교나 몰몬교처럼 가장 심하게 '이단'으로 주변화되고 있는 여호와의 증인들과의 공적 담론의 장(場)에서 한국 정부는 최종적으로 패배를 스스로 인정할 수밖에 없었다. 2018년 6월 28일 헌법재판소는 대체복무를 인정하지 않는 현행 병역법 제5조 1항에 대해 헌법불합치 결정을 내림과 동시에 국회에 병역법 개정의무를 부과함으로써 자신들의 2004년과 2011년 결정내용을 번복하였고(2011헌바379), 2018년 11월 1일에는 대법원 전원합의체가 종교적 신념으로 군대입영을 거부하는 것이 '정당한 병역거부사유'에 해당한다고 판시함으로써 자신들의 2004년 전원합의체 판결을 역시 번복하였다(2016도 10912). 이처럼 극명하게 달라진 최근의 사법적 판단은 자유권규약과 같은 국제인권법의 국내 효력을 인정하고 서구적 관점에서 강제된 일방적인 인권 개념을 한국의 종교시장에 그대로 적용한 것이라는 점에서 여호와의 증인들의 시장전략이 국제사회의 힘을 빌어 약 100년 동안 변하지 않았던 한국의 사회제도를 변경한 또 하나의 역사적 사례라고 할 수 있다.

그렇다면 이쯤에서 왜 한국 사회는 전체 인구의 0.2%에 불과한 여호와의 증인들에게 이렇게 굴욕적인 방법으로 사회적 변화를 강요받게 되었는지에 대한 반성적 질문이 필요한 것 같다. 대한민국의 모든 국민은 이러한 변화를 통해 한국 사회의 인권의식이 향상되고 이전보다 더 인간적이면서 평등한 사회로 나아가는 것을 기대할 것임은 두말할 필요가 없다. 그러나 이러한 변화의 방법과 과정이 문제라는 것을 인식하는 사람들은 많지 않은 것 같다. 역사적으로 축약해 보면, 이차돈의 순교로 신라가 무속적 세계관을 벗어나 불교를 수용하고, 부패한 불교로 인해 사회적 시스템이 붕괴된 고려를 조선의 유학자들이 합리적이고 냉철한 유교적 사회로 태동시키고, 그리고 불평등한 유교사회의 폐쇄성과 무능함으로 망국을 경험한 근대 한국 사회에 개신교 세력이 평등과 자유사상을 전해준 것처럼 한국 사회는 그동안 외부에서 수입된 종교적 세계관에 의해 사회적 변화를 강요당했다고 할 수 있다. 요약하면, 양심적 집총거부는 인권문제보다 더 깊은 종교적 세계관을 내포하고 있으므로 종교에 대한 사회적 이해가 필요불가결한 것이다. 앞서 언급한 사회조사처럼 국민 대다수가 여호와 증인들의 수혈거부나 방문전도행위와 마찬가지로 양심적 집총거부행위에 대한 종교적 이해나 관용이 절대적으로 부족한 상황에서 정부가 대체복무제를 서둘러 도입할 수밖에 없는 현실은 종교정책의 절대적 부재에 기인한 것이다.

결국 사회적 합의나 공감 없이 새로운 사회제도를 도입하는 것은 이전의 역사에서 알 수 있듯이 위로부터 강제된 의식의 변화를 기대하는 것과 같은 것이며, 그런 점에서 여전히 반민주적인 사회정책에 불과한 것이다. 다원주의 사회에서 종교적 관용은 한 사회의 민주주의를 실질적으로 성숙시킬 수 있는 중요한 요건이자 판단의 지표가 된다. 그러나 종교적 이해에 기초하지 않은 종교적 관용은 민주주의 사회의 다원성을 무시한 단순한 말장난에 불과한 것이다.

다원주의 명제와 종교시장

종교시장이론의 다원주의 명제(pluralism thesis)를 국가 간 비교 연구를 통해 검증한 그림과 핑키의 연구결과에 따르면, 종교적 자유의 증가가 사회평화를 증진하는 경향이 있는 반면에 종교적 자유의 부인은 사회적 갈등이라는 대가를 요한다고 한다(Grim and Finke, 2011). 합법적으로 종교 간의 자유롭고 공정한 경쟁을 보호하는 것은 인권으로서 종교의 자유를 실현하는 데 있어서 민주사회의 가장 중요한 임무 중 하나가 되었다. 또한 다문화 또는 다민족 사회에서의 그 사회종교적 정체성뿐만 아니라 민족국가의 집단적 정체성 형성에도 다원주의는 밀접히 관련되어 있다고 한다(Pace, 2011: 445).

IRFR은 사회구조적 차원에서 종교적 차별의 경향과 패턴을 거의 반영하지 못하지만(Richardson, 2001: 139-168, 2006: 271-294), 한국 정부의 종교정책은 기본적으로 종교시장의 다원주의적 본질을 존중하는 방향으로 가고 있다. 〈표 5-2〉에서 보는 것처럼 2002년 기독교(개신교 및 천주교)와 불교를 제외한 종교법인의 비중이 전체 10.7%였던 반면에, 2011년에는 22%로 증가했다(유광석, 2015: 43-63). 이는 2000년대 들어 소수종교인들에 대한 평등의식이 고양되고 종교적 다양성이 증대되면서 소수종교들의 법인등록을 정부가 유연하게 허용해 준 결과라고 추측된다. 서유럽 여러 나라에서 여호와의 증인들은 선교활동과 관련하여 사회적 또는 법적으로 많은 제재를 받았던 반면에, 한국에서는 그들의 방문전도를 포함한

〈표 5-2〉 2002~11년 등록된 종교단체

	불교		개신교		가톨릭		유교		기타		총계	
연도	2002	2011	2002	2011	2002	2011	2002	2011	2002	2011	2002	2011
재단법인	44	71	111	140	66	78	17	17	14	16	252	322
사단법인	58	136	92	204	9	20	4	7	11	15	174	382
총계	102	207	203	344	75	98	21	24	25	31	426	705

공격적 선교활동에 법적 제재를 받지 않았다(Stark and Finke, 2000: 233-235; Richardson and Introvigne, 2001: 143-168).[08] 그들은 전 세계에서 가장 경쟁적이면서 종교적 다양성이 급격히 증대하고 있는 한국 종교시장에 존재하는 약 800여 개의 종교단체 중 하나에 불과하다(문화체육관광부, 2011).

어떤 경우이든 종교의 자유가 개인 선택의 문제로 간단히 치부될 수 없다는 것이 오늘날 입증되었다. 종교의 자유에 대한 해석과 기준은 지속적으로 종교의 다양성, 종교 다원주의 및 종교들의 세계화에 따른 종교적 만남과 함께 개정되고 변화될 것이다. 양심적 집총거부를 둘러싼 한국 사회의 혼란은 토착적 종교단체들 간의 공존 및 종교단체들과 세속정부와의 전통적 공존방식을 전복시킴으로써 미국적 방식으로 진행된 종교시장의 다원화 및 국제화의 한 가지 사례에 해당한다. 한국 사회의 전통적인 종교적 자유의 개념에 내재한 국가관이나 사회관을 포기하지 않고서는 여호와의 증인들이

08 프랑스 국세청은 여호와의 증인들의 전체자산에 세금 환급을 위한 압류금으로 5천만 달러를 부과했다(Stark and Finke, 2000: 233-235).

추구하는 양심적 집총거부에 대한 올바른 이해는 불가능하다. 이런 면에서 종교적 다양성에 기초한 다원주의는 한국 민주주의가 정책적으로 적응해야 하는 피할 수 없는 시대적 조건이 되었다. 끝으로 종교적 신념에 기초한 양심적 집총거부자들을 한국 사회가 어떻게 그리고 왜 수용해야 하는지에 대해 유럽인권재판소의 판례를 인용하는 것이 의미 있을 것 같다.

"민주주의의 특징은 다원주의(pluralism), 관용(tolerance), 그리고 포용력(broadmindedness)이며, 이러한 다원적 · 관용적 · 포용적 민주주의를 실질적으로 구현하는 책임, 즉 다수의 지배를 넘어서 소수자의 인권보호를 통한 법치국가를 실현하고 사회적 약자에 대한 존중과 그 제도화를 통해 사회통합을 실현할 책임은 그 사회의 민주적 다수(Democratic Majorities)에게 있다. 그리고 이러한 의무를 방기하는 다수는 억압적 · 산술적 다수로서 그들이 운영하는 정치체제는 형식적 민주주의에 불과하다. 민주주의는 다수가 그들의 지배적 지위를 남용하지 않고 소수에게 공정하고 합리적 대우를 보장하여야 하므로, 종교적 소수자에게 사회에 봉사할 기회를 부여하는 것은 국가가 말하는 것처럼 부당한 차별과 불평등을 조장하는 것이 아니라 종교 간 조화와 관용을 증진하고 안정적인 다원주의를 보장한다"(2015노1181에서 재인용).

CHAPTER 06

종교시장과 시민사회

촛불시민운동

시민사회의 통합

동시대 한국 사회에서 증대하는 종교적 다양성은 양보와 타협에 기초한 시민사회(civic society)의 양적 및 질적 발전과 깊은 관계를 맺으면서 지속적인 상호작용을 하고 있다. 특히 급속한 민주화와 근대화만큼이나 짧은 역사를 가진 한국의 시민운동과 시민단체의 확산은 글로벌 시대에 신속하고 대량으로 유입되는 이질적 가치관의 과잉과 함께 '시민운동'이라는 이름으로 타협점이 없는 세대 간, 계층 간, 지역 간 및 집단 간 갈등을 증폭시키고 있다. 특히, '대통령 탄핵', '핵문제', '사드배치', '제주도해군기지', '한미 FTA', '청년실업', '이혼과 자살', '저출산 및 고령화', '비정규직문제', '동성애', '양심적 집총거부', '미투운동'처럼 최근의 주요한 사회적 쟁점들을 둘러싼 시민적 공론장에서조차 종교적 소속여부를 불문하고 시민의 종교성(또는 비종교성)은 중요한 변수로 부상하고 있다. 한국 시민사회에서 종교는 더 이상 사회적 및 정치적 방관자이거나 무관심 세력으로 존재하는 주변적 주체가 아니라 적극적이고 활동적인 시민사회의 주체로서 변모하고 있다.

자발적인 시민참여와 민주적 의사결정을 통해 양보와 타협의 합리적 해결점을 찾기보다는 오히려 폐쇄적 · 강압적 · 이기적 및 권위적인 방식으로 서로의 주장을 관철시키고자 함으로써 한국 사회의 반(反)시민적 현실을 노출하는 경우가 적지 않은 현실에서 보편적 인간성에 내재해 있는 합리성, 자유의지, 생명존중, 공동선(共同善)과 같은 시민적 덕목에 기초한 시민공동체를 건설하는 것이 한국 사회의 시급한 국가적 과제임은 누구도 부인할 수 없을 것이다. 이러한 맥락에서 '좋은 사회'로서의 시민사회에 대한 종교사회학적 이해는 기독교적 맥락에서 발전해 온 서양시민사회와는 다른 한국적 맥락에서의 시민(citizen) 개념, 시민적 덕목(civic virtues) 및 시민참여(civic engagement)의 종교적 요소를 규명하는 데 기여할 것이며, 나아가 한국의 시민적 정체성(civic identity)이 분열되거나 파편화되지 않고 미래지향적으로 통합되고 정립될 수 있는 이론적 기초를 제공할 것이다. 일찍이 파슨즈(Talcott Parsons)는 베커(Gary Becker)나 마르크스(Karl Marx)처럼 자본주의와 사회주의 양 진영에서 나타나는 절대주의적 경제결정론이 선과 악, 천사와 악마, 성(聖)과 속(俗)과 같은 기독교의 이원론적 상징구조와 많이 닮아 있음을 주장한 바 있다(Parsons, 1979: 38-39). 이는 인간의 행위적 동기가 정치적 · 경제적 또는 문화적 행위로 사회화될 때조차 종교적 요소는 사회적 변동의 변인으로서 중요한 기능을 수행하고 있음을 깊이 통찰한 것으로서 베버나 뒤르켐의 종교이해를 이론적으로 계승하고 있는 것이다(Robertson, 1982; 권규식, 1990; 이철, 2009). 벨라(Robert Bellah)처럼 시민종교(civil religion)라는 개념으로 구체화하진 않았지만 그의 종교적 상징주의(religious symbolism)는 '세속화된' 시민사회의 제 영역에 도덕적 규범을 제공하는 종교의 사회적 본질을 이론적으로 규명하고자 하는 후대의 많은 종교사회학자들에게 주요한 학문적 방향성을 제공하고 있다.

유럽에서 근대적 시민사회의 탄생은 종교개혁을 통해 종교독점시장을 해체시키는 과정에서 등장한 세속화 과정의 한 부분이었다. 왜냐하면 역사적으로 시민사회의 성립은 종교적 교리나 신성성에 근거한 것이 아니라 루소의 『사회계약론』에서 '시민종교'가 처음으로 개념화된 것처럼 그것은 세속적인 사회계약에 기초한 것이었기 때문이다(공진성, 2013). 따라서 종교적 권위와 정당성을 상실한 세속적 시민사회의 도덕적 기초에 대한 논의는 서로 상충되거나 모순되는 주장들이 난무하면서 다양한 정치경제적 이데올로기들과 결합해서 존재할 수밖에 없었다. 절대군주를 견제하는 시민권력으로서 시민사회를 상정한 로크(John Locke)나 스미스(Adam Smith)와 달리 헤겔(G. Hegel)이나 마르크스에게 시민공동체는 부르주아 계층의 사적 이익을 유지하는 비도덕적 사회구조물로 이해되었다. 또한 몽테스키외나 토크빌 계열의 시민사회론에서는 국가와 시민사회를 대립적 관점에서 보는 대신 국가정치체제를 지탱하는 자율적 공동체로서의 시민사회에 주목하였다. 자율적 결사체로 구성된 시민사회는 정치제도와는 독립된 별개의 영역이지만 양자는 상호 중첩적인 영역이 공존하는 관계로 양립 가능한 것이었다. 이러한 고전적 시민사회론을 배경으로 하버마스(J. Habermas), 코헨(Jean I. Cohen), 아라토(Andrew Arato)와 같은 정치철학자들은 근대사회에서 독립된 영역으로 부상한 자본권력을 더하여 새로운 시민사회론을 제시한다(시노하라, 2013: 111-114). 이때 시민사회(civil society)란 독점적 공권력을 행사하는 국가권력과 자본주의 시장경제시스템하에서 시민을 통제하는 자본권력 양자로부터 독립된 제 3의 영역에 해당한다는 것이다. 분명히 이와 같은 서구의 시민철학적 계보는 기독교와 더불어 그리스-로마문화까지 거슬러 올라가야 하는 그들만의 길고 깊은 역사적 및 문화적 토대 위에서 건설된 것이다.

한국적 시민사회론 역시 어떤 사회가 우리가 추구해야 할 이상적 사회인지에 대한 질문과 대답의 연속적 과정이라는 점에서 서구적 시민사회론에서와 마찬가지로 일종의 종교적 유토피아니즘(utopianism)을 포함하고 있다. 엄밀히 말하면, 모든 시민사회론은 종교적 유토피아니즘을 세속적 맥락에서 해석하고자 한 데에서 분명히 종교적 사고의 산물이라고 할 수 있다. 일찍이 벨라(R. Bellah)가 '좋은 사회(good society)'를 상상하면서 제시한 미국의 시민종교(civil religion)는 바로 세속적 시민사회의 도덕적 근간으로서 기능하는 세속화된 종교의 이상적 유형에 해당한다. 캉유웨이(康有爲)의 대동사회(大同社會)론이나 뚜웨이밍(杜維明)의 유교적 휴머니즘처럼 유교적 가치가 동아시아 시민사회의 새로운 패러다임이 될 수 있다는 주장은(이윤미, 2013; 김상준, 2013) 세속주의적 휴머니즘이나 세속적 시민사회론을 주장하는 유럽의 철학자들만큼이나 종교적 이상주의에 의존하고 있다. 또한, 베버(M. Weber)의 설명처럼 현실세계를 부정하는(wolrd-rejecting) 종교적 유토피아사상은—불로장생의 신선들이 산다는 무릉도원, 무량수불이 사는 불국토(佛國土), 구원받은 자들만이 갈 수 있는 천국(Heaven)처럼(서신혜, 2017: 179-216)—현실세계에서의 고통과 불의에 대응하는 서로 다른 신정론(神正論)을 그들의 교리 속에 이미 갖고 있다.

간단히 정리하면, 세속적 시민사회론은 기본적으로 종교적 유토피아 사상의 귀결이거나 그 대응으로서 건설된 것이다. 따라서 시민사회에 내재한 유토피아니즘은 각각의 문화적 맥락에 맞게 형성되고 변용된다는 사실에서 종교시장에서 공급되는 서로 다른 특질의 종교적 유토피아니즘과 현대 시민사회의 심층적이고 근원적인 관계성을 규명하는 것은 오늘날 종교사회학이 담당해야 할 또 하나의 중요한 연구과제이다. 하지만 종교시장과 시민사회의 관계는 문화결정론이나 문화상대주의처럼 시민사회가 문화적 토대에 의해 구조화된다거나 문화적 다양성이 어떠한 보편성도 찾기 어려울 만큼 서로 상이한 가치관에 기초하고 있다는 주장처럼 문화적 요소를 절대화하거나 배타적으로 이해하는 것이 결코 아니다. 종교는 단순히 문화의 한 부분으로 등치되거나 환원될 수 없을 뿐만 아니라 종교시장과 시민사회의 관계는 단정적인 인과론으로 설명하기 어려운 다면성을 보여주기 때문이다.

기존의 시민사회론에서는 종교성이 오히려 시민사회의 정신적 토대로서 시민성(civility)을 제한하는 것이라고 주장했다. 대표적으로 퍼트넘(Robert D. Putnam)에 따르면, 이탈리아의 로마가톨릭은 역사적으로 오랜 세월 세속적 정치참여를 금지하고 성직자의 위계질서를 강조하면서 순종 및 복종과 같은 전통적 덕목을 강조했다(Putnam, 1994: 161-164). 물론 이러한 부정적 관계가 미국의 청교도 전통에서 또는 한국의 유교적 전통과 시민성의 관계에서는 동일하게 적용될 수 없을 것이다. 예를 들면, 시민사회를 지탱하는 가장 중요한 시민적 덕목(civic virtue)으로 간주되는 '관용(寬容)의 정신'은 기독교인들, 특히 한국의 개신교인에게는 종교적 의미가 배제된 경제적 · 정치적 · 사회적 관용을 의미하지만, 불교인이나 유교인에게 관용은 종교적 의미가 훨씬 더 중요한 부분을 차지한다. 정치경제적 및 사회적 약자에 대한 교육, 의료, 복지 및 권리증진에 대해서는 많은 기독교인들이 종교시장에서 상대적으로 훨씬 더 적극적으로 개입하지만, 다른 종파들에 대한 이단성 시비나 오명 씌우기에도 매우 적극적인 것은 잘 알려진 사실이다. 반면, 유교적 및 불교적 종교성이 강한 사람들은 세속적 시민사회의 구조적 불평등문제보다 종교 간 대화나 상생의 문제에 훨씬 더 깊은 관심을 보여주었다. 굳이 여러 가지 통계적 수치를 인용하지 않더라도 관용에 대한 이러한 개념적 경계는 한국의 개신교인과 비개신교인 간에 매우 뚜렷하다고 한다(한국갤럽, 2015: 72-73).

또 다른 시민적 덕목으로서 '신뢰'나 '호혜성'의 개념 역시 종교시장적 맥락을 고려하면 사회적 자본의 문제로 쉽게 단순화될 수 있는 것이 아님을 알 수 있다. 앞서 언급한 것처럼 근대시민사회론은 종교적 관점이 아니라 사회계약론을 근거로 지극히 세속적인 관점에서 이상사회를 상상한 것이므로, 시민사회를 구성하는 시민들 개개인이 가져야 하는 특질로서 시민적 덕목들이 경쟁적 종교시장에서 어떻게 변용되고 구현될 것인지에 대해서는 전혀 고려할 필요가 없었다. 가령, 한국의 주류기독교인들과 무슬림들 또는 신천지교인들에게 사회계약과 같은 세속적 공존 개념을 그대로 적용하기 어려울 뿐만 아니라 동등한 시민사회의 구성원으로서 상호 간에 '신뢰'와 '호혜성'을 기대하기도 어렵다. 조상 제사를 거부하는 사람들에게 유교인들이 그렇고, 안락사, 낙태 그리고 동성애를 옹호하는 사람들에게 가톨릭이 그렇고, 양심적 집총거부를 옹호하는 사람들에게 주류개신교인들이 그러하다. 반면에 동일한 종교공동체에 속한 동료 교인들이나 적어도 구성원들 간에는 형제애나 가족애와 같은 집단의식을 강화하는 교인 간 친교, 소그룹모임 및 봉사활동의 비중이 점점 더 증가하고 있다(한목협, 2013: 87).

파슨즈(Talcott Parsons)가 통찰한 기독교의 양가성(ambivalence)을 이해하지 못한다 하더라도(Parsons, 1979: 2–3) 우리는 세속사회에 대한 종교의 양면적 태도를 위에서 예시한 다양한 사회적 쟁점들에서 체험하며 살고 있다. 신학적으로 종교의 양가성이 어떻게 해석되든 우리가 일상에서 흔하게 경험하는 종교는 너그러우면서 편협하고, 인간을 사랑하면서 신뢰하지 않고, 평등하면서 권위적이고, 합리적이면서 맹목적이고, 고결하면서 부패하였고, 진정한 자유를 약속하면서 구속적인 것이다. 종교는 분명히 정치만큼이나 선과 악의 경계가 애매하고, 적과 동지를 구분하기 어려운 영역이다. 적어도 시민사회에서는 그렇다. 따라서 현실적으로는 종교공동체들의 집단의식을 수렴하거나 또는 초월할 수 있는 시민적 덕목이 무엇이고 또 어떻게 가능한지에 관한 이론적 및 정책적 대안을 찾는 것이 더욱 시급해 보인다. 왜냐하면 시민성이란 강제되는 것이 아니라 종교성과 마찬가지로 자발적으로 내면화되고 실천되어야 하는 것이기 때문이다. 이런 차원에서 기존의 세속적 시민사회론의 한계를 반성하고 그것을 대체할 수 있는 '탈세속적 시민사회론'에 주의를 기울일 필요가 있다.

여기서는 종교시장이론적 관점에서 시민사회의 주체로서 시민의 자율성에 중점을 두고 '탈세속적 시민사회론'을 이해하고자 한다. 이러한 접근법에서는 기존의 정치경제적 시민의 개념에 집착하지 않고 종교적 정체성을 충분히 겸비한 좀 더 인간적인 존재로서의 시민을 상정한다. 종교적으로 시민은 다양한 모습으로 존재할 수 있다. 특히 글로벌 시대에 증가하는 종교적 다양성이 거스를 수 없는 시대적 현실이라고 할 때 상호 이질적인 종교적 정체성을 가진 현대인들이 어떻게 시민적이면서 종교적일 수 있는지를 설명하기는 쉽지 않다. 세속적 시민사회론의 인간에 대한 가장 근본적 오해는 인간의 정신에서 종교성을 너무 간단히 취급한 점에 있다. 아우구스티누스의 『神國論』을 인용하지 않더라도 인간은 현실세계의 시민이기 이전에 이미 오래전부터 종교적 세계의 시민이었다. 인간을 믿기보다 신을 믿고 싶은 사람에게, 이타적 행위의 동기가 인간을 위해서가 아니라 신의 명령에 순종하기 위한 사람들은 세속적 시민사회론에서는 그동안 '바람직한 시민'으로 대우받지 못했다. 기존의 '시민' 개념에 대한 반성을 가장 극명하게 보여준 학자는 당연히 하버마스(J. Habermas)이다. 앞 장에서도 언급했던 것처럼 이전에는 세속사회로서 당연시되었던 유럽 나라들에서조차 이제 종교조직들은 세속사회의 공적 영역(public sphere)에서 하나의 해석 공동체들로서(communities of interpretation), 즉 공적 담론을 시민들이 이해가능하도록 번역하는 주체로서 주요하게 기능하고 있다(Habermas, 2006: 10-11, 2008: 20). 유럽의 세속적 시민들이 종교공동체들의 지속적 현존에 자신들을 적응시켜야 한다는 공적 인식(public consciousness)을 갖고 있다는 점에서 오늘날의 세속사회는 이전과는 전혀 다른 새로운 사회, 즉 탈세속사회(post-secular society)라는 것이다(Habermas, 2008: 19).

하버마스의 이러한 반성적 고백은 유럽 사회에 밀려온 무슬림들을 어떻게 시민적 통합의 길로 이끌 수 있을 것인지에 대한 깊은 고

민에서 나온 것이다. 흥미롭게도 그의 반성은 한국 사회의 종교적 다양성과 정체성 혼란으로부터 발생하는 사회적 분열 및 갈등과 매우 비슷한 맥락에서 궤를 같이 한다. 종교인 과세 및 교권세습, 양심적 집총거부, 세월호사건, 촛불집회와 태극기집회, 동성애, 다문화가족, 외국인 근로자의 처우개선, 4대강사업, 탈북자 및 대북원조문제, 종무실 예산집행, 수쿠크채권법, 탈개종교육(deprogramming), 그리고 미투운동과 같은 다양한 사회적 쟁점들에서 한국의 종교공동체들은 공적 담론에 깊이 참여하고 있다. 특히 유럽의 종교정당(religious party)들과는 달리 한국의 종교공동체들은 정당제도 밖에서 공적 담론에 참여함으로써 종교 내적 및 종교 간 갈등을 더욱 악화시키고 있으며, 종교인들에 대한 사회적 반감, 편견 및 무관심이 청년세대에 만연해 있다. 무엇보다 종교다양성 시대의 시민사회는 전통적 종교들의 권위가 쇠퇴하는 것과 동시에 비전통적 종교들의 유입과 탄생으로 종교공급자들의 경쟁의 정도가 격화되고, 종교수요자들의 선택의 폭은 양적 및 질적으로 무한히 확장되는 복잡성을 띠게 된다. 이러한 한국의 종교적 다양성을 충실히 반영한 시민성의 형성과 전개를 규명하고자 한다는 점에서 탈세속적 시민사회론은 방법론적으로 훨씬 더 균형적이고 현실에 부합한다.

2000년대 이후 종교사회학적으로는 베스트팔렌조약 이후로 유럽에서 정립된 '종교(religion)'의 개념을 파기하고, 종교문화적 맥락을 반영한 좀 더 유연하고 확장된 의미의 '종교' 개념을 추출하고자 하는 연구가 활발히 진행되면서 이제 제도종교의 소속유무로 종교적 정체성을 측정하고자 하는 것이 잘못된 현실 인식이라는 점이 폭넓게 공유되고 있다(Yang, 2016; 박준성 · 정태연, 2011; Hall *et al.*, 2010; McGuire, 2008). 탈세속적 맥락에서 재구성되거나 재정의되어야 하는 것이 '시민'의 개념뿐만 아니라 '종교'의 개념에 대해서도 매우 중요한 글로벌적 연구과제가 되면서 최근에 경험한 몇몇 한국적 시민운동들에서 이를 적용하고자 하는 사례연구들이 늘고 있다. 여기서는 촛불시민운동에 제한하여 논의를 전개하고자 한다.

촛불시민운동

대중의 정치적 시위에 촛불이 등장한 최초의 사건은 1992년의 '케텔 유료화 반대 집회'라고 한다. 2002년 광화문의 촛불집회는 미군 장갑차에 치여 사망한 두 여학생을 기리기 위해 오마이뉴스 게시판에서 '앙마' 라는 ID의 네티즌이 촛불집회를 제안한 것이 시발점이 되었다고 한다. 2004년에는 노무현 대통령의 탄핵에 반대하는 촛불집회가 열렸고, 2005년에는 이라크 파병에 반대하는 집회가 열렸다. 촛불집회의 대중화는 2008년 광우병 파동으로 10대 학생들의 참여가 두드러지면서 이전과는 다른 양상으로 참여기반을 확장시키면서 사회적 운동으로 변했다.

2016년의 촛불시위는 기존의 촛불시위를 결산하는 혁명이라고도 불린다. 국가권력과 자본가들에 저항하는 2천여 개의 시민단체들이 자발적으로 이합집산하면서 국가적 변화를 위한 토론과 합의를 이끌어 내고, 1700만 명에 이르는 대규모 집회참여자들이 평화시위를 저해하는 위험요인들을 스스로 통제하는 방식의 시민문화를 보여주었다. 이는 과거의 한국에서는 물론이고, 일찍이 서구에서도 보기 드문 것으로서 새로운 방식의 시민성 부활(civic renewal)이라고 할 수 있다. 이렇게 부활한 시민성을 경험한 계기로 토론민주주의, 참여민주주의, 추첨민주주의, 협치민주주의와 같은 새로운 정치제도의 도입을 주장하고 제도적 차원에서 시민정치의 다양성에 주목하는 연구들이 넘쳐나고 있다(김종철 · 이지문, 2014). 그러나 촛불시민혁명을 통해 드러난 국가적 분열양상과 그 파급효과는 단순히 정권교체나 정치제도의 변경, 소득재분배 및 고용정책 변화로 봉합되기 어렵고 학문적으로도 쉽게 설명되지 않는 측면이 있다. 일군의 학자들에 따르면, 촛불시위의 본질은 기존 정당 중심의 민주주의가 퇴조하는 가운데 유권자가 소비자화되면서 자신의 라이프스타일 중심으로 '개인화된 정치(personalized politics)'를 구현하는 정치적 소비자운동(강준만, 2017: 41), 인터넷 기반 자발적 결사체가 주체로 등장하면서 오히려 시민운동의 위기를 초래한 사이버액티즘(cyberactism) 및 사이버 의제설정(cyber agenda setting)의 대표적 작품(김선미, 2007: 160), 새로운 방식의 참여민주주의로서 독특한 자발성과 탈중심성을 가진 제4의 결사체(조대엽, 2008: 16-17), 집합적 흥분과 광장의례에 기초한 시민종교(정용택, 2009: 24-25), 또는 뒤르켐의 성스러움의 의미를 확대해석하여 제도종교와 기능적으로 동일한 사회통합 역할을 담당한 시민종교(이철, 2009: 206-207)로서 설명되곤 한다.

한국적 시민성이 표출된 촛불집회 역시 처음에는 '박근혜퇴진 5

대종단 운동본부' 및 '5대종단 평신도 시국공동행동'의 역할이 주요하였다는 것을 인식하고 있는 사람은 많지 않다. 물론 그 반대편에서 태극기집회를 후원한 것으로 알려진 한기총(한국기독교총연합)의 시민정치 참여 역시 공적 영역에서 종교의 중요성과 다양성을 단적으로 대표하는 사례이다. 굳이 유불도(儒佛道)와 토착적 민속신앙을 예로 들지 않더라도 제정일치 사회였던 단군시대 이래 역사적으로 한국의 정치와 사회가 종교문화적 기초를 배제하고 존재할 수 없었던 것처럼 동시대 한국의 시민사회 역시 종교적 요인들과 깊은 관계를 형성하고 있다. 그럼에도 불구하고 기존의 시민사회론에서는 종교에 대한 이해가 철저히 도외시되었으며, 각급 학교나 평생교육기관에서 제공하는 시민교육 및 시민문화 프로그램에서도 종교적 담론은 전혀 포함되지 않았다. 이런 맥락에서 한국의 촛불시민문화는 종교적 자본(religious capital)이 한국 사회의 시민적 통합과 변화에 어떻게 영향을 미칠 수 있는지에 대한 시민문화론적 분석을 필요로 하고 있다.

먼저, 한국에서의 시민사회 논쟁이 1990년대 초부터 본격적으로 전개되지만, 그것의 역사적 전통을 근대 이전으로 소급하여 조봉암, 한완상, 박현채와 같은 자생적 시민사회론의 존재를 주장하거나(시미즈, 2011: 391-395) 유교적 공민사회론을 주장하기도 한다(조혜인, 2009). 물론 한국에서 '시민'의 개념이 언제부터 존재했는지는 분명하지 않지만, 『조선왕조실록』에는 '市民'이라는 단어가 총 395차례 등장한다고 한다(정상호, 2013: 67). 일제강점시기 동안 시민(市民)의 개념은 더욱 확장되고 서구화되면서 이후 한국 사회에서 발전해 온 시민문화적 전통은 근대성, 민족주의, 민주주의 등의 문제와 밀접히 연관되어 있다. 무엇보다 이러한 역사적 전통은 오늘날 한국의 시민성을 형성한 하나의 문화적 유산으로서 재평가되고 재인식되어야 할 필요성이 있다. 촛불집회와 같은 시민문화가 여타의 역사적 전통과 동떨어진 별개의 사건으로 이해될 수 없는 것처럼, 동학농민운동(1894), 3·1 운동(1919), 4·19 혁명(1960), 반유신투쟁(70년대), 부마항쟁(1979), 광주항쟁(1980), 6·17 항쟁(1987)과 같은 한국적 시민운동의 오랜 전통은 학생이나 노동자들이 주도한 민주화 운동의 산물로 단순히 환원될 수 없다. '시민'의 개념은 분명히 문화마다 다를 것이다. 그것이 한국에서 무엇으로 불리든 '국민(國民)', '대중(大衆)', '백성(百姓)', '인민(人民)', '민중(民衆)', '민초(民草)', '시정(市井)', '공민(公民)'과 같은 한국의 '시민(市民)' 개념은 영국, 프랑스, 독일 또는 미국의 '시민(citizen)'과는 다른 문화적 전통에서 건설되고 발전된 역사성을 갖고 있다. 이러한 맥락에서 시민, 시민운동, 시민단체, 시민사회론의 역사적 및 문화적 측면에 대한 연구와 이해는 종교시장과 시민사회의 관계에 대한 새로운 관점들을 제시할 수 있을 것이다.

둘째, 종교적 자본(religious capital)을 사회적 자본(social capital)의 하나로 간주하고 양자의 긍정적 상관성을 보고하는 많은 연구들이 있다. 이러한 맥락에서 종교적 자본은 개인의 특수한 도덕적 태도뿐만 아니라 인격적 · 인종적 · 문화적 및 민족적 정체성을 강화시키고, 지역공동체의 갱생과 변화에 기여한다고 한다(Baker and Skinner, 2006, 2014; Baker, 2012, 2016; Wuthnow, 2003). 넓은 의미로 정의하면, 사회적 자본이란 "개인들 사이의 유대와 이로부터 발생하는 사회적 네트워크, 호혜성 및 신뢰"를 의미하고(Putnam, 1994: 19), 종교적 자본이란 어떤 특수한 종교문화에의 소속과 유대로부터 발생되는 종교적 지식과 경험의 총량을 의미한다(Finke, 2003: 3; Bourdieu, 1991, 1993; Coleman, 1990).

그러나 종교시장의 다양성과 역사적 특수성을 고려할 때, 양자는 더 복잡하고 다면적인 관계성이 발견될 수 있다. 한국처럼 유교적 가족주의가 강력한 문화적 전통으로 자리해 온 사회에서는 사회구성원 모두가 가족 중심적 이익을 추구하고, 다른 모든 사람들도 그렇게 행동할 것이라고 가정한다. 개인들 간의 관계로부터 어떠한 유대감이나 호혜성 및 신뢰감을 창출하기 어렵기 때문에 당연히 사회적 자본은 극도로 결핍되고, 상호 불신과 극단적 대립이 일반적인 문제해결의 방법이 될 것이다. 이러한 유교적 가족주의나 집단적 이기주의로부터 발생하는 홉스적 사회질서는 전체 사회구성원의 공동이익을 우선시하는 시민덕목(civic virtue)을 파괴한다. 한국의 시민종교(civil religion)로서 유교는 가부장주의, 혈연 및 지연에 기초한 비합리성과 사회구조적 불평등을 유발하는 주요한 시민문화적 토대가 됨과 동시에(Cha, 2000), 다른 한편에서는 유교가 강조하는 근면함, 교육중심주의 및 현실주의적 에토스가 민족주의와 결합하여 한국의 경제적 성장을 이끄는 데 기여한 측면이 있다(Kim and Park, 2003).

종교적 자본의 이러한 양가성(兩價性)은 전통적으로 가톨릭 문화가 지배적인 이탈리아에서도 발견된다. 퍼트넘(Robert D. Putnam)

에 따르면, 이탈리아 남부와 북부의 사회적 발전 양태가 극명한 차이를 보이는 이유는 시민문화적 전통이 풍부한 북부와 '비도덕적 가족주의' 에토스(ethos)가 만연한 남부의 문화적 차이에 기인한 것이라고 주장했다(Putnam, 2000). 결국 사회적 자본을 형성시키는 시민공동체의 미시적 기초는 시민문화에 있으며, 이러한 시민문화의 형성에 종교적 자본은 항상 긍정적 방향으로만 관계된 것이 아니라 다양한 방법으로 영향을 준다는 것을 알 수 있다. 무엇보다 한국 시민사회의 핵심적 주체로서 활동하는 수만 개의 '시민단체'들이 신뢰와 호혜성을 증진시키는 사회적 자본으로 기능하기보다 오히려 비민주적 의사결정과 권위주의적 조직문화를 탈피하지 못하고, 전체사회의 이념적 분열에 동조하여 여론을 양극화시키는 하나의 '이익집단'으로 쉽게 전락하는 것은 그들에게 내재한 종교적 자본을 공익을 우선시하는 사회적 자본으로 전환시킬 수 있는 시민문화적 소양을 갖지 못했기 때문이다.

물론 시민성에 내재한 합리적 이기주의가 공공의 이익과 어떻게 조화될 수 있는지에 대해서는 서로 다른 해석들이 존재한다(Gauthier, 1970; Rawls, 1973; Coleman, 1990; 남경희, 1997). 하지만 시민공동체 또는 시민사회란 이익집단들의 전쟁터가 아니라 서로를 신뢰하고 서로에게 이익이 되는 방법으로 연계된 시민들의 공적 영역이라는 점에는 이론이 없다. 이러한 의미에서 '시민성 없는' 시민단체의 과잉은 시민적 통합이나 통합적 시민문화와는 무관한 사회현상이며, 대중들은 불신과 배반, 사기와 속임수에 대응하기 위한 위험회피적 수단으로 혈연, 지연, 학연과 같은 반시민적 네트워크에 더욱 더 의존하게 되어 사회적 자본의 형성을 불가능하게 한다. 따라서 시민공동체의 형성에 필수적인 상호 신뢰와 집단적 호혜주의를 장려하고 유지시킬 수 있는 종교적 자본을 축적할 수 있는 종교시장정책은 국가적으로 중요한 정책적 과제이다.

셋째, 촛불혁명은 참여자들의 자발적이고 자기통제적인 집단적 시민성이 두드러지게 나타남으로써 한국 역사에서 시민운동의 새로운 지평을 열었다고 평가된다. 따라서 그것의 거대한 사회적 파급력에 대한 이해뿐만 아니라 국가권력, 자본권력, 그리고 시민권력 상호 간의 갈등과 충돌에 내재한 종교문화적 함의를 이해하고 비평적으로 재해석할 수 있는 자기반성적 담론(self-reflection discourse)이 더욱 요구된다. 시민문화의 기초로서 종교적 자본은 종교적 다양성이 증대하고 있는 종교시장의 질적 변화를 고려할 때 좀 더 정확하게 사회적 자본과의 관계성을 이해할 수 있다. 퍼트넘이 이탈리아의 가톨릭이나 미국의 개신교가 시민참여를 강화하는 데 어떻게 기여했는지를 설명한 것처럼(Putnam, 1993, 1994, 2000), 한국에서는 유교의 부계중심적 혈연주의에 기반한 문중(門中)의식, 불교에서 의미하는 같은 스승 아래에서 불성을 공부한 사형제들의 문중(門中)의식, 기독교 교인들 간의 형제의식, 같은 고향 또는 같은 학교 출신들 간의 집단적 연대의식은 한국적 시민성의 본질을 이해하고자 할 때 중요하게 고려되어야 한다. 그러나 이에 대한 학제적이고 통합적인 연구는 많지 않다. 한국 사회의 시민적 통합 및 시민성의 사회적 자본화를 성취하기 어려운 이유는 그것이 한국의 유교, 불교 및 민간신앙적 전통과 불가분하게 결합되어 '새로운 시민성' 또는 '한국적 시민성'을 형성하고 있기 때문이다. 유교적 기독교인이나 기독교적 불교도의 사례처럼 중층적 종교성은 한국인들의 시민성에 다양한 문화적 영향을 남기고 있다. 결국, '시민성'이란 사회적 · 역사적 · 문화적으로 건설되는 것으로서 글로벌 시대의 종교다양성에 부합하는 한국인들의 특수한 시민적 덕목은 무엇이고, 그것이 실제 생활에서 어떻게 그리고 왜 작동하는지를 학제적으로 규명하는 것이 중요하다.

시민사회의 통합

2017년 이후 촛불집회와 태극기집회의 극명한 대립구도는 동시대 한국사회가 겪고 있는 시민적 갈등과 분열의 깊이와 폭을 단적으로 상징하는 사건이다. 왜냐하면 그 이면에는 정권의 부패와 무능에 대한 인식의 차이를 넘어 이데올로기, 소득불평등, 실업과 불황, 세대갈등, 지역감정, 유신정권에 대한 평가, 그리고 근대화 및 민주화에 대한 재평가와 같은 수많은 사회적 문제들에 대한 인식론적 및 존재론적 갈등관계를 모두 포함하고 있기 때문이다. 이처럼 인간성에 대한 불신이 만연한 사회에서 시민공동체는 형성될 수 없는 것이며, 그러한 사회에서는 대화나 타협보다 기만과 술수, 임기응변과 눈속임 같은 전략만이 모두에게 최선의 생존전략이 될 것이다. 결국, 이러한 불신의 문화가 팽배할수록 공권력은 더 폭력적으로 변하고 인간성을 더욱 경시하게 되는 악순환에 빠지게 된다. 또한 그런 사회는 구조적으로 연약한 사회이기 때문에 외적 충격에 쉽게 붕괴된다. 글로벌 시대 한국 사회의 시민성을 지나치게 비관적으로 이해할 필요는 없지만, 분명히 한국 사회는 대립하는 시민들 간의 새로운 통합과 소통의 문화적 양식이 필요한 시기에 도달했다는 점에서 이제 위로부터의 경제적 성장이나 아래로부터의 민주화운동과 같은 일방적 소통으로 시민들의 정체성을 호도할 수 있는 시대는 지났다.

최근 기득권 세력들의 공생관계를 풍자한 '교피아', '관피아', '핵피아'와 같은 신조어들은 한국 사회에 뿌리 깊은 비시민적 연대의식이 국가관료들에게서도 동일하게 존재한다는 대중의 불신에서 나온 것이다. 퍼트넘은 이탈리아가 시칠리아 지방의 마피아를 척결하지 못하는 궁극적 원인은 법과 계약을 신뢰할 수 없게 만드는 국가의 무능력과 그 지방의 오래된 불신의 문화라고 주장한다. 시민적 신뢰의 네트워크가 작동하는 사회에서는 연성정부(軟性政府)라도 강력한 행정력을 발휘하지만, 시민문화가 결여된 지역에서는 강압적이고 고압적인 경성정부(硬性政府)조차도 비시민적 사회맥락 속에서 무력해지게 된다고 한다(Putnam, 1994: 169). 따라서 그러한 지역에서는 다른 사람들이 규칙을 어길 것이라고 기대하기 때문에 자신도 규칙을 지키지 않는 것이 이익이라고 생각한다. 따라서 비시민적 문화가 만연한 곳에서 사람들은 더 강력한 정부를 원하지만, 집단적 호혜주의가 결여되고, 자율적인 시민 규범이 없기 때문에 위계질서와 무력만이 무정부상태의 유일한 대안이 되는 것이다. 이러한 관점에서 보면, 한국 사회의 시민적 통합을 가로막는 가장 치명적인 장애는 불신(不信)의 문화를 제도화하는 비시민적 연대의식과 공동체들이며, 공공의 신뢰를 회복하지 못하는 국가적 무능력의 일상화에 있다.

존재적으로 세속적 '시민'은 분명히 자기이익을 추구하는 합리적 존재들이지만 "올바로 이해된 자기이익, 공공의 필요성에서 정의된 자기이익, 또는 타인의 이익에 충실한 자기이익"을 추구하는 자기초월적 존재들이므로 그들의 에토스를 배양하는 시민문화는 단순히 개인적 윤리나 의식수준의 총합으로 한정될 수가 없다. 한국의 시민문화는 시민 개인의 수준을 초월한 역사적 및 문화적 맥락을 근원적으로 내포하고 있으므로 한국인들의 종교적 전통과 경험에 기초한 하나의 종교적 자본이 어떤 형태로든 공공의 이익과 연결될 수 있도록 형성되고 유지될 수 있는 제도적 및 정책적 방안들이 필요하다. 종국적으로는 이러한 종교적 자본이 '한국적' 시민공동체의 정체성을 분명히 정립하고 유지하는 데 있어서 거시적 방향성을 제공할 것이다.

CHAPTER 07

종교시장과 종교통계[01]

인구센서스의 한계

한국의 소수종교 범주화

종교센서스의 필요성

현대 사회에서 종교 관련 통계적 정보들은 단순히 현실의 복잡한 종교상황들을 정리하고 기술하는 차원을 넘어 장기적이면서도 광범위하게 축적되고 분석된 자료들에 기초하여 정책적 및 학문적 차원에서 사회의 다양한 의사결정단계에 활용되고 있다. 통계적 지식이 없거나 통계적 자료들에 기초한 의사결정에 참여하지 않더라도 오늘날처럼 종교적 다양성이 급속하게 증대하는 사회에서 어느 누구나 그 사회에 존재하는 종교 또는 종교인들에 대해 충분한 정보와 이해를 갖기가 매우 어렵게 되었다. 『한국의 종교현황』(2011)에서 보고된 566개 종교단체들의 대부분은 종교연구자들에게조차 생소한 이름들을 가진 것들이고 그들의 숫자는 지구화(globalization) 과정이 가속화되는 정도에 따라 훨씬 더 증대될 것이다. 또한 멜튼(J. Gordon Melton)이 집대성한 번역어 제시(Encyclopedia of American Religions)(EAR)의 7차 개정판(2003)은 북미에서 확인된 2,600여 개의 종교단체들을 서술함으로써 종교연구자들의 연구대상이 양적 차원에서 이미 무한대로 확장되었음을 사실상 공표하고 있다.

이처럼 전 세계에서 활동했거나 여전히 활동 중인 모든 종교단체들 및 그에 부속된 신자들의 종교적 행위와 믿음에 대한 현장조사, 실태조사, 의식조사 및 문헌적 자료 등을 연구자 개인이 모두 수집하고 분석하는 것은 물리적으로 불가능할 뿐만 아니라 가능하다 하더라도 비현실적인 비용을 요한다. 한 세대를 풍미했던 종교사학자

01 본 장은 2015년 『담론 201』 18(2): 43-63에 게재한 논문을 재편집한 것임.

엘리아데(M. Eliade)가 해석한 수천 개의 사례들조차 이제는 연구대상의 양적 차원에서 보자면 무한대의 모집단에 대한 하나의 샘플조사에 불과한 것이 되었다. 샘플의 수가 백 개이든 천 개이든 모집단의 무한성에서 보자면 그것은 사소한 문제일 뿐이며, 중요한 것은 추출된 샘플의 수가 아니라 그 연구자가 추출한 샘플이 모집단의 무한성을 얼마나 정확하고 효율적으로 반영하고 있는지에 있다. 정보화 시대에 종교의 이해는 무한대의 종교현상을 제한된 샘플조사 결과에 기초해서 인위적으로 해석하는 데서 시작하는 것이 아니라, 통계적으로 편향되지 않고 가능한 한 객관적으로 추출된 샘플조사 자료들 그 자체의 한계를 스스로 인정할 때부터 비로소 시작될 수 있다. 종교에 관한 해석이 모든 종교연구의 출발점이거나 종착점이어야 할 이론적 당위성은 없으며, 오히려 종교에 관한 과학적 연구조사가 현대 사회의 종교현상을 이해하고 설명하는 데 더 시급히 필요한 것일지 모른다.

본 연구는 기본적으로 종교와 관련한 통계적 조사자료들의 방법론적 우월성을 설명하기 위해 그것의 허구성을 밝히고자 한다. 이렇게 역설적인 주장이 어떻게 진실이 될 수 있는지를 한국의 종교인구분포에 관한 주요한 해외 데이터베이스들을 사례로 삼아 한국의 인구센서스 결과와 종합적으로 비교분석한 후, 종교통계적 관점에서 현재 한국 사회의 문제점과 개선방향을 밝힘으로써 증명하고자 한다. 특히 한국의 종교소수자(religious minority)에 대한 서로 다른 데이터베이스들 간의 상이한 종교범주화(categorization)와 조사방법의 문제점을 지적하고 종교적 다양성의 증대로 인한 사회적 혼란과 갈등이 빈번한 한국의 다종교 상황에서 정확한 종교통계조사들이 어떻게 그리고 왜 정책적으로 한국 사회의 발전에 기여할 수 있는지를 종교시장이론에 근거하여 설명할 것이다. 끝으로, 2015년에 실시될 인구주택총조사에서 한국 사회의 종교적 변화를 예상하는 많은 종교연구자들과 직업적 종교인들이 정보화 시대에 걸맞는 과학적 종교이해를 위해 종교통계의 중요성을 인식할 수 있는 작은 계기가 되길 바란다.

인구센서스의 한계

1985년, 1995년, 2005년에 행해진 세 번의 인구주택총조사에서 생산한 종교인구통계자료를 기초로 적지 않은 연구논문들이 그동안 양산되었다. 인구센서스에 종교항목이 삽입되기 이전에는 주로 사회조사나 교단들의 자체 통계에만 의존하던 종교통계자료들이 자료 그 자체에 내재한 지리적 · 문화적 · 역사적 및 정치경제적 제한성과 편향성을 탈피했을 뿐만 아니라 조사방법의 자의성과 비일관성을 극복하면서 객관적이고 신뢰 가능한 양질의 종교통계자료로서 인구센서스 자료들은 특별한 의심 없이 거의 모든 종교연구자들에게 수용되었다. 인구센서스 자료들에 대한 이러한 '믿음'에 기초하여 한국의 종교인구분포가 동불서기(東佛西基)나 종교적 독과점구조의 한국적 종교문화를 이해하는 중요한 증거자료가 된다거나(정창수 · 김신열, 1993: 118; 류성민, 2009: 25-26), 다종교사회로서 한국 사회의 종교갈등의 위험성을 예단하는 증거로서(김정수, 2013: 691–696), 천주교의 양적 성장과 한국개신교의 위기라는 직접적 증거로서(이길용, 2006; 조성돈, 2007; 조성돈 · 정재영 외, 2007; 최현종, 2011, 2012; 조세희 · 이재혁, 2013) 그리고 나아가 인구센서스 자료에 기초한 종교인구의 변동(dynamics)이 한국 사회의 정치적 · 문화적 변화를 이끄는 원동력으로서 해석되기도 한다(김동환, 2014: 39–43).

문제는 한국의 종교변동을 논하는 기존의 연구들이 그 나름의 전문분야별 특성에 따라 적지 않은 공헌을 했음에도 불구하고, 그들의 학문적 배경을 불문하고 인구센서스 자료에 대한 합리적 의심 없이 거의 '믿음'에 가까운 신뢰를 전제하고 있다는 점이다. 또한 문화체육관광부 종무실의 종교현황이나 행정백서들을 비롯하여 한국의 모든 공식적 종교통계자료들에서도 인구센서스 결과는 한국 사회의 종교적 현실을 양적으로 대표하고 있다. 이처럼 의심될 수 없는 하나의 기정사실로서 학계와 정부로부터 공인된 인구센서스 결과는 [그림 7–1]에서 보여주는 인구주택총조사표의 6번 문항에 그 기원을 두고 있다.

[그림 7–1]의 왼쪽 박스에 있는 조사표에서 보는 것처럼 종교 없음(religious nones), 8개의 개별 종교명, 그리고 기타(others)로 범주화된(categorized) 유형들만을 선택지로 제시하고 있으며, 오른쪽 박스의 조사표 기입요령서에서는 조사대상자의 '종교단체 가입여부와는 상관없이 신도라고 응답하는 경우도 포함'하여야 함을 안내하고 있다. 이러한 조사방법에 대해 윤이흠 교수는 이미 "한국인

[그림 7-1] 2015 인구주택총조사 제2차 시험조사 조사표 기입요령서

6 종교가 있습니까?

① 있음　　　② 없음

→ 있다면 어느 종교입니까?

① 불교　　　⑥ 대순진리회
② 기독교(개신교)　⑦ 천도교
③ 기독교(천주교)　⑧ 대종교
④ 유교　　　⑨ 기타 [　　　]
⑤ 원불교

6 종교

- 종교단체 가입 여부와는 관계없이 신도라고 응답하는 경우도 포함됩니다.
- 「⑨ 기타」에 해당되는 경우, 구체적인 종교명(예 : 금강대도, 이슬람교, 미륵대도, 천리교, 한국SGI 등)을 기입합니다.

출처: 통계청, "2015 Census 인구주택총조사 자료."

종교적 심성의 근원"이라는 기고문에서 자기확인법(self-identification)이 유교나 기타 신흥종교인 내지 무속인구를 조사하는 데 적합하지 못하다고 주장하고 동양종교의 구성원들을 조사할 수 있는 새로운 방법론의 개발을 주장한 바 있다(윤이흠, 1985: 379). 그의 주장은 단지 400명의 갤럽 표본조사결과에 기초한 것이었지만, 당시의 정부 종교인구통계가 얼마나 부정확한 것인지를 증명하고자 한 선구적 업적이라고 할 수 있다. 이후로 30년이 지난 2015년의 종교인구조사표에서도 기존의 종교인구 조사방법과 그에 대한 무비판적 믿음은 한국의 종교연구자들과 관료들에게 여전히 강력한 통계적 편견을 만들고 있다. 현재의 종교인구조사표가 가진 몇 가지 문제를 먼저 설명하고 해외의 사례를 함께 고려하는 것이 논지를 객관적으로 이해하는 데 도움이 될 것 같다.

첫째, 현재의 인구조사표는 종교적 멤버십(religious membership)에 기초한 것이 아니다. 오른쪽 박스의 기입요령서가 분명히 밝히

고 있듯이 '종교단체 가입여부와는 상관없이 신도라고 응답하는 경우를 포함'하고 있는 숫자를 의미한다. 다시 말하면, 종교단체 또는 조직에 가입하고 그 단체로부터 구성원으로서의 자격을 인정받은 종교인구를 의미하는 것이 아니라 광의의 차원에서 종교적 경향성을 갖고 있는 모든 사람들은 왼쪽 박스에 예시된 어느 칸에나 체크하도록 안내하고 있다. '멤버십'이란 권리와 의무를 전제한 사회적 지위(social status)인 반면에, 국립국어원의 표준국어대사전에 따르면 '신도(信徒)'란 '어떤 일정한 종교(조사표에서는 조사대상자가 '종교'라고 믿는 것)를 믿는 사람들'로서 특수한 사회적 관계성을 전제하지 않는다. 따라서 현재의 인구조사표는 '멤버십'과 '신도' 두 개념을 구분하지 않고 함께 종교인구에 포함하기 때문에 종교조직에 기초한 멤버십보다 훨씬 더 과장된 종교인구수를 낳게 된다. 예를 들어, 기독교문화권인 미국에서도 신(God)을 믿는 사람의 비율이 87.7%이지만, 종교조직에 소속된 사람의 비율은 62.8%에 불과했다(WVS 2011조사, 샘플수 2,232명). 조직화된 종교(organized religions)문화에 기초하지 않은 한국적 전통에서는 이러한 멤버십과 단순한 신도수의 간격이 훨씬 더 크게 나타날 것이다. WVS(World Values Survey)나 GSS(General Social Survey)처럼 멤버십과 단순한 신도를 분리해서 설문을 구성하고 있는 선진국의 사회조사들과 달리 그 목적이 처음부터 인구 및 주택조사를 위해 제작된 현재의 인구조사표는 한국의 종교인구수와 그 비율을 정확히 산출하는 데 본질적인 한계가 있다.

둘째, 인구조사표의 종교범주는 일종의 포괄적 범주(catch-all

category)에 해당한다. 10개의 범주만으로 전체인구 5천만 명의 종교성을 범주화할 때 나타나는 가장 큰 문제는 서로 다른 종교적 정체성을 가진 수많은 그룹들을 하나의 대범주로 단순화시켜야 하는 조사방법의 인위성과 자의성에 있다. '불교' 범주의 경우 창가학회(SGI)와 같은 일련종 계열의 불교도들부터 단월드에서 창립한 선불교(仙佛敎)와 같은 국내 민족종교들까지 아무런 차별성 없이 '불교'라는 범주로 단순화된다. '기독교(개신교)' 범주의 경우 역시 몰몬교, 안식교, 여호와의 증인들, 통일교, 신천지, 구원파부터 장로교나 감리교까지 모든 개신교 종파(sect) 및 교단(denomination)을 함께 포함하게 된다(김철수, 2013: 328). '유교' 범주는 실제 생활방식과 의식조사를 병행했을 때 그 범주에 소속될 수 있는 종교인구수가 훨씬 더 증가한다. 윤이흠 교수의 논문에서 집중적으로 논의된 것처럼 무작위 표본조사에 참여한 4백여 명 중 91.7%가 유교의 구성원으로 확인되었다(윤이흠, 1985: 385). 게다가 '기타' 범주는 외국의 경우에서와 마찬가지로 매우 다양한 종교성을 무차별적으로 포괄할 수 있다. 즉 '종교 없음'과 8개의 개별 종교 범주에 해당하지 않는 모든 사람들이 '기타'에 체크해야 한다면, 무속인, 역술인, 무신론자, 불가지론자, 다양한 신종교 신자들, 도교, 이슬람, 힌두교 등이 포함될 수 있다. 끝으로, 150만 명에 이르는 한국체류 외국인들의 민족종교들(ethno-religions)까지 고려한다면, 베트남 출신 불자들, 필리핀 출신 천주교인들, 중국 출신 개신교인들까지 조사표의 범주들은 구분 없이 포함하고 있는 것이다. 결국, 좀 더 세분화된 종교연구의 맥락에서 보면 인구조사표의 종교범주는 한국의 정확한 종교현황에 대해 양적으로 설명할 수 있는 자료를 거의 제공할 수 없는 범주화이며, 포괄적 범주를 사용하여 선택지를 제한함으로써 현실사회의 종교성을 제대로 반영하지 못할 뿐만 아니라, '종교 없음'의 범주에 속하는 인구수를 실제보다 과장하여 종교인구의 수를 과소평가하게 된다. 참고로 미국의 GSS는 약 4만 명의 응답자들을 25개의 교단별 범주(denominational categories)로 분류하지만 이 역시 불완전한 것으로 평가받는다(Pyle, 2006: 67).[02]

셋째, 인구조사표는 종교인구의 연령별 특성을 과장하게 된다. 인구조사의 특성상 대한민국에 거주하는 0세 이상의 모든 인구를 [그림 7-1]의 조사표 범주로 분류하기 때문에 〈표 7-1〉에서 보는 것처럼 종교적 정체성의 성립여부를 불문하고 모든 미성년과 영유아를 '종교 있음' 또는 '종교 없음'으로 범주화하게 된다. 종교적 정체성을 갖지 못한 미성년자 또는 영유아의 경우 현행 인구조사표의 기입방법상 조사표를 기입하는 세대주 또는 부모의 종교성을 그대로 반영하는 경우가 대부분일 것이다. 이런 방식으로 종교인구비율이 부정확하게 집계되는 조사방법론적 오류를 회피하기 위해 일반적으로 선진국에서 행해지는 종교 관련 사회조사는 15세 또는 19세 이상의 성인만을 조사범위로 제한하고 있다. 하지만 개인별 종교적 정체성의 성립시기를 언제로 정해야 하는지도 시간과 장소, 문화적 및 정치적 환경, 조사목적과 방법에 따라 다를 수밖에 없고 그에 대한 학문적 합의도 아직은 존재하지 않는다.

---

02 한국의 사회통계조사를 대표하는 2018 KGSS(Korean General Social Survey)의 종교문항을 부록 2에 첨부하였다.

〈표 7-1〉 2005년 인구주택총조사에서 15세 미만 종교인구비율

연령별	2005년 연령별 종교인구비율							
	종교 있음	불교	개신교	천주교	유교	원불교	기타	종교 없음
전체	24,970,766	10,726,463	8,616,438	5,146,147	104,575	129,907	163,085	21,865,160
0~4세	922,837	275,740	428,281	204,207	915	4,722	6,296	1,450,224
5~9세	1,495,047	458,869	678,331	334,499	1,670	7,248	10,105	1,661,915
10~14세	1,740,877	579,113	737,136	398,217	2,430	8,146	11,067	1,681,514
비율(%)	16.6	12.2	21.4	18.2	4.8	15.5	16.8	21.9

넷째, 현재의 인구조사는 성별 및 연령별 종교인구분포만을 시군구 단위로 보여주고 있을 뿐이다. 인구조사에서 수집한 전체 인구의 교육수준, 소득수준, 직업, 주거형태, 출산자녀수, 혼인상태, 사회활동, 경제활동 등에 대한 자료를 통계청에서 보유하고 있음에도 불구하고, 이러한 변인들과 '종교' 항목과의 상관성 및 교차분석이 가능하도록 정리된 자료를 통계청은 공개하고 있지 않다. 실제로 종교와 다른 사회적 및 인구학적 변인들의 상관성에 대한 연구가 국내외적으로 매우 중요하고 다양하게 연구되고 있는 것을 감안할 때, 성별 및 연령별 종교인구분포만으로 인구조사결과에 대한 종교학적 접근을 차단하고 있는 것은 통계적 및 과학적 종교연구의 중요성에 대한 한국 정부의 인식부족을 그대로 보여주는 것이다. 종교학적 관점에서만 보자면, 이런 현실은 천억 원 이상의 예산을 투입하여 실시하는 인구조사의 활용범위를 민간여론조사업체들이 2~3천만 원 정도의 비용으로 1~2천 명의 표본집단에 기초해서 실

시하는 조잡한 사회조사나 의식조사보다 더 쓸모없는 자료로 만드는 것과 같은 것이다.

이상과 같이 인구통계조사의 설문항목 6번은 한국의 종교현황, 종교인구분포, 종교변동, 한국적 종교성 등 거의 모든 한국 종교연구의 기초적 통계자료로서 원용되고 있음에도 불구하고 그것의 통계적 신뢰성에 대해 진지하게 의심되거나 이론적으로 검증되지 않고 있다. 따라서 본 연구에서는 국제적으로 종교연구자들에게 가장 많이 원용되는 퓨리서치센터(Pew Research Center)나 세계가치조사(World Values Survey)의 사회조사 데이터베이스들을 비롯하여 종교전문 데이터베이스로서 가장 많은 자료를 보유한 WCD(World Christian Database) 및 ARDA(The Association of Religion Data Archives)와 같은 주요한 해외 데이터베이스들에서 한국의 종교현황이 어떻게 기술되고 있는지를 비교분석하고자 한다. 특히, 한국의 종교적 소수자들에 대한 통계현황은 종교학적 관점에서 많은 논란과 쟁점을 갖고 있어 이 부분에 대한 논의를 중심으로 살펴보고자 한다.

한국의 소수종교 범주화

한국의 종교현황에 대한 거의 유일한 통계자료로서 국내에서 폭넓게 활용되고 있는 인구조사의 결과와는 달리, 해외에서 원용되는 영문데이터베이스들에서 한국의 종교현황은 그 종류가 다양하고 내용상의 차이도 커서 큰 혼란을 일으키고 있다. 종교적 다수자인 불교, 개신교, 천주교인의 현황보다는 특히 한국의 종교적 소수자에 해당하는 여러 종교들에 대한 통계적 자료들이 그 범주와 종교인구수에 있어서 한국적 상황을 고려함이 없이 서구적 관점에서 자의적으로 분류되고 추산되어 전 세계의 종교연구자들에게 제공되고 있다.

[그림 7-2]는 The Pew-Templeton Global Religious Futures Project의 하나로 전 세계 232개국 인구의 종교적 태도와 소속 등의 다양한 특성을 퓨리서치센터(Pew Research Center)가 자체적으로 조사한 보고서 "The Global Religious Landscape"(2012)에서 공개한 한국의 종교소수자 범주와 신도수이다. 한국의 인구조사표

[그림 7-2] Pew Database에서 한국의 종교소수자 현황[03]

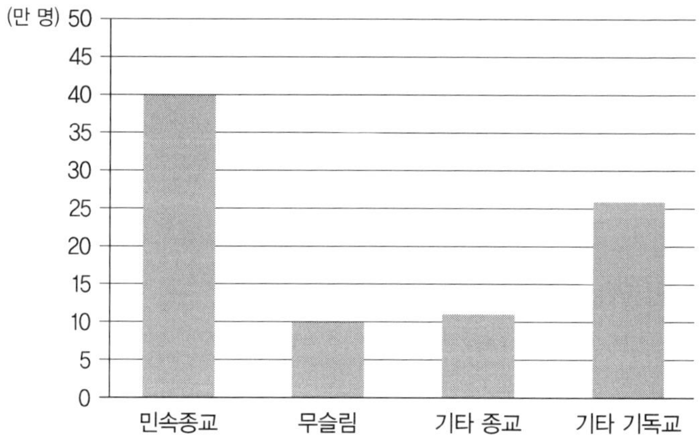

03 http://www.globalreligiousfutures.org/countries(2015년 3월 16일 마지막 접속).

와는 대조적으로 Pew Database에서는 다섯 개의 세계종교(기독교, 불교, 힌두교, 이슬람, 유대교)를 중심으로 조사대상자를 분류하고, '기독교(Christianity)'의 하위범주(sub-category)로서 '개신교인들(Protestants)', '천주교인들(Catholics)', '정교인들(orthodox Christians)', '기타 기독교인들(Other Christians)'로 세분화하였다. 끝으로 '민속종교인들(folk religionists)'과 '기타 종교들(other religions)'을 대범주로 추가했으며, 전자에는 아프리카 전통종교(African traditional religions), 중국 민속종교(Chinese folk religions), 미국 원주민종교(Native American religions), 호주 원주민종교(Australian aboriginal religions) 등이 포함되고, 후자에는 바하이교도(Bahai's), 자이나교도(Jains), 시크교도(Sikhs), 신도인(Shintoists), 도교인(Taoists), 천리교인(Tenrikyo), 주술사(Wiccans), 조로아스터교도(Zoroastrians), 기타 신앙(many other faiths)이 함께 포함되어 있다.

[그림 7-2]에서 Pew Database는 한국의 민속종교인들이 40만 명, 무슬림이 10만 명, 기타 종교인들이 11만 명, 기타 기독교인들이 26만 명이라는 것을 보여주고 있다. 위 범주들에 대한 종교센서스(religious census)가 한국에 없는 상황일 뿐만 아니라 그것이 교단들이 자체 집계한 'roll data'가 아니라 Pew Research Center의 서베이 결과에 기초한 'poll data'라는 점에서 종교사회학자들이 이용할 수 있는 중요한 양적 데이터 중의 하나가 된다(Warner, 1998: 197). 2013년 기준 국내 체류 외국인의 수가 157만여 명인 것을 고려하면(통계청, 2013), 무슬림 인구를 10만 명으로 추산한 것도 의

미 있는 통계이지만, '무슬림'이란 종교범주 자체를 한국의 인구조사나 사회조사들이 완전히 배제하고 있다는 사실을 반성하게 한다는 점이 더욱 중요하다.

또한 기독교를 세분화하여 주류기독교 이외의 기독교인들을 '기타 기독교인'으로 분류한 것도 의미 있는 범주화의 발전이며, 온라인 설문조사 방식의 의존도가 증가하는 추세를 감안해서 대범주의 하위범주를 더욱 세밀하게 분화시키는 것이 기술적으로 어려운 문제가 아니기 때문에 한국의 종교조사들도 적절한 하위범주의 개발을 시도할 필요가 있다. 물론, 하위범주를 세분화하는 것이 조사결과의 정확도를 높이는 대신 설문의 응답률을 떨어뜨리는 단점도 있을 것이다. 민속종교의 경우 [그림 7-3]에서 보는 것처럼 한국에서 네 번째로 큰 규모의 종교범주로서 기술되고 있을 뿐만 아니라 나

[그림 7-3] Pew Database에서 나라별 민속종교인구 상황[04]

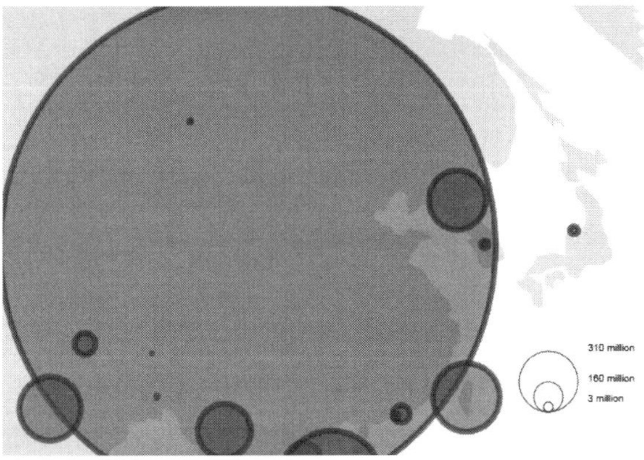

04 http://www.globalreligiousfutures.org/religions/folk-religionists(2015년 3월 16일 마지막 접속).

라별 종교인구분포에서도 한국은 중국과 함께 세계에서 가장 큰 민속종교권역에 포함되어 있다.

Pew Database와 함께 국제적인 종교현황과 추세에 관한 정보를 얻는 데 가장 폭넓게 활용되는 World Christian Database(WCD)는 World Christian Encyclopedia라는 백과사전으로 1982년 출판된 것으로 2001년 2,600페이지 분량으로 개정된 것을 이후에 World Christian Trends의 자료와 통합하여 하나의 데이터베이스로 만든 것이다. 1982년부터 2000년까지 응답된 약 5,000여 개의 설문조사, 현장조사, 인터뷰, 정부센서스, 학위논문들의 자료를 토대로 구성된 것으로서 그 내용의 포괄성에 있어서 독보적인 위치의 종교데이터베이스라고 할 수 있다(Hus *et al.*, 2008: 680). ARDA와 같은 종교 데이터 아카이브에서도 WCD의 자료를 기초로 국제종교인구분포를 만들고 있다. 본 연구에서는 한국의 종교현황과 관련하여 제한적으로만 WCD의 자료를 검토하고자 한다.

18개의 범주로 세분한 WCD의 종교현황은 한국적 통계자료들과 너무 다른 범주명과 수치들로 인해 한국의 종교연구자들에게는 매우 낯설고 당황스러운 통계자료라고 할 수 있다. 국제적으로 가장 권위 있는 종교통계에서 한국 종교현황의 특징을 살펴보면, 먼저 종교인구비율에서는 유교인구가 10.9%, 민족종교인들이 14.7%, 신종교인들이 14.2%, 불가지론자 1.5%의 비중으로 분포하고 있다. 유교인구나 신종교인구는 한국 통계청의 인구센서스 자료들과 10배 이상의 큰 차이가 있을 뿐만 아니라, 그 범주화에 있어서도 전혀 새로운 개념들로 한국인들의 종교성이 분류되었다. 통계청 센서스(2005)의 '종교 없음' 인구비율이 46%인 것과 대조적으로 WCD는 '무신론자'와 '불가지론자'와 같은 새로운 범주를 도입하여 1.6%의 비율로 설명하고 있다. 또한, 다인종 또는 다문화 사회에서 유용한 '민족종교'라는 범주 아래에 한국인의 14.7%를 포함시킴으로써 한국 사회의 종교적 다원성이 동아시아나 세계적 수준에 비해서

〈표 7-2〉 World Christian Database(2010)에서의 종교인구비율

	한국	동아시아	전 세계
Baha'i	<0.1%	<0.1%	0.1%
Buddhist	24.8%	19.0%	7.2%
Chinese Universalist	<0.1%	26.8%	6.3%
Christian	33.4%	8.1%	32.8%
Confucianist	10.9%	0.4%	0.1%
Ethnoreligionist	14.7%	4.4%	3.5%
Hindu	<0.1%	<0.1%	13.8%
Jain	0.0%	<0.1%	<0.1%
Jewish	<0.1%	<0.1%	0.2%
Muslim	0.1%	1.4%	22.5%
Shintoist	<0.1%	0.2%	<0.1%
Sikh	<0.1%	<0.1%	0.3%
Spiritist	0.0%	<0.1%	0.2%
Taoist	0.0%	0.5%	0.1%
Zoroastrian	0.0%	<0.1%	<0.1%
Neoreligionists	14.2%	2.8%	0.9%
Atheist	0.1%	6.7%	2.0%
Agnostic	1.5%	29.7%	9.8%

3~4배 정도 높은 것으로 설명하고 있다.

'민족종교'라는 범주는 결국 한국 사회가 직면하고 있는 종교적 다양성의 문제와 직접적으로 관련된 것으로서 실제로 베트남 출신 불자, 몽골 출신 불자, 조선족 출신 민속종교인들, 필리핀 출신 천주교인들, 나이지리아 출신 개신교인들, 인도네시아, 파키스탄 및 방글라데시 출신 무슬림들의 경우는 '불교', '개신교', '천주교', '이슬람'으로 단순하게 범주화하기보다 WCD와 같이 '민족종교'의 범주로 새롭게 구성하거나 대범주의 하위범주로 세분화하는 것이 이론적으로 타당하다. 하지만 이런 경우에도 민족별 · 출신국가별 · 인종별로 다양한 외국 이주민들의 종교적 정체성을 어떤 기준으로 세분화할지는 어려운 과제이다. 어쨌든 종교성이 매우 강한 이러한 외국인들의 종교적 현황과 추세를 현행의 인구센서스로 계량화하는 것은 불가능하기 때문에, 향후 한국의 종교 관련 사회조사에서 외국 이주민들의 종교성을 적극적으로 조사대상에 포함시켜야 할 것이다.

〈표 7-3〉은 이상에서 논의된 Pew와 WCD의 자료에 더하여 종교사회학계에서 자주 인용되는 World Values Survey(WVS)의 조사결과 및 2005년 인구센서스를 함께 비교해 보았다. 이러한 비교로부터 다음과 같은 몇 가지 사실을 추론할 수 있다.

첫째, 한 사회의 종교인구 현황 또는 비율은 종교범주의 정의와 범위에 따라 다양하게 나타날 수 있다. 통계청 인구센서스의 결과는 통계청의 인구조사상 편의에 맞게 과도하게 단순화된 종교범주화에 의해 체계적 편향성을 가질 수밖에 없다. 〈표 7-3〉에서 보는

〈표 7-3〉 해외 주요 데이터베이스와 통계청 인구센서스의 한국 종교인구비율

	PEW	WCD	WVS (n=1,200)	통계청(2005)
종교 없음	46.4	1.6	41.3	46.4
불교	22.9	24.8	20.6	22.8
유교	n/a	10.9	0.5	0.2
유대교	<1.0	<0.1	0.1	n/a
무슬림	<1.0	0.1	0.1	n/a
기타	<1.0	n/a	n/a	0.3
신종교	n/a	14.2	n/a	0.4
정교회	n/a	n/a	0.1	n/a
개신교	18.3	33.4	21	18.3
천주교	11.2		15.7	10.9
민속종교	<1.0	n/a	n/a	n/a
민족종교	n/a	14.7	n/a	n/a

것처럼 '종교 없음'은 1~46%까지, '유교'는 0.2~10.9%까지, 무슬림은 0.1~1.0%까지, 신종교는 0.4~14.2%까지 다양하게 나타날 수 있다. 양적 조사방법론의 측면에서 볼 때, 적어도 현재로선 신뢰 가능한 한국의 종교인구비율이란 존재하지 않는다.

둘째, 한국 사회의 종교현황에 대해 인구조사가 아니라 더 정확하고 신뢰성 있는 종교전수조사가 요구된다. 인구조사란 애당초 종교적 실태를 파악하기 위한 것이 아니란 점에서 정밀한 종교현황과 추세를 이해하기 위한 양적 자료로서는 본질적으로 부적합한 자료이다. 또한 한국의 종무실에서 발간하는 『한국의 종교현황』은 더욱 더 많은 문제점을 가진 허구적 조사자료들로 가득 차 있다(유광석,

2014b: 129-130). 종교적 정보가 부재한 한국의 종교현황을 국제적으로 정확하게 알리고 이해시키기 위해서도 건국 이후 한 차례도 실시하지 못한 종교단체 또는 종교인들에 대한 전수조사를 조속히 실시할 필요가 있다.

셋째, 인구센서스의 결과에 전적으로 의존했던 기존의 종교정책은 근본적으로 재검토될 필요가 있다. 지난 30년간 인구센서스상에서 전체 종교시장의 98%를 점유했던 것으로 추산되었지만(유광석, 2014a: 99), '불교', '개신교', '천주교', '유교'의 범주는 한국 사회의 종교적 다양성이란 현실을 초월해 있는 메타적 범주일 뿐 실제 종교시장 참여자들의 복잡한 구조적 특징을 대표하는 실증적 자료가 아니다. 불교, 개신교, 천주교를 대표한다고 주장하는 특정한 종교단체 중심으로 정부예산을 과도하게 집중지원하는 근거로서 널리 인정받고 있는 인구센서스상의 종교인구비율과 종무실의 종교현황이 전체 한국인의 종교적 특성을 정확히 표준화한 데이터가 아니라면, 그러한 재정지원은 통계적으로도 정당화하기 어려운 것이다. 종교 관련 데이터베이스로서 국제적 공신력이 훨씬 더 높은 Pew나 WCD의 기준을 적용한다면 정부로부터 한국의 종교단체를 대표하는 것으로 공인받은 사단법인 한국종교지도자협의회의 7대 종단은 전면적으로 재구성되어야 할 것이다.

이처럼 한국 정부가 인구센서스의 허술한 종교데이터만을 고집하는 것은 본질적으로 인구센서스가 가진 보수적 정치 이데올로기성에 기인한다. 즉 종교정책의 수립과 집행 및 의사결정을 위해 필수적으로 요청되는 기초적 종교통계를 체계적으로 확보하고 축적하기보다는 정권의 이데올로기적 취향과 부합되는 소수종단에게 대표성을 부여하는 정부통계로서의 공인 기능이 인구센서스에 내재해 있기 때문이다. 주로 유대인들에 의해 제기된 인구센서스의 사회적 및 정치적 편향성에 대한 위험으로 인해 1960년 인구센서스부터 종교에 관한 설문을 삽입하는 것이 법[05]으로 금지된 미국의 경우에서 보듯이(Schultz, 2006: 381), 한국에서도 인구센서스의 종교데이터 역시 정치적 타협의 결과를 반영하고 있다. Pew Data, WCD, WVS에서 본 것처럼, 서구 중심적 종교 범주화에 근거하여 한국의 종교인구 현황이 21세기를 사는 오늘의 한국인들에게조차 완전히 새롭게 기술되는 것도 놀라운 일이지만, 이러한 해외 데이터베이스의 자료를 반박할 수 있는 신뢰 가능한 종교조사의 중요성과 실제적 가치에 대한 사회적 인식의 부족이 더욱 큰 문제인지도 모른다. 이런 면에서 [그림 4-1]에서 예시한 캐나다 NHS 종교조사 범주는 매우 중요한 비교대상이 될 수 있다.

종교시장이론의 관점에서 보면, 정부와 학자들뿐만 아니라 종교시장에 참여하는 공급자와 수요자들에게도 정확하고 신뢰성 있는 종교통계적 정보들은 종교시장의 효율성을 제고하여 전체 사회구성원의 주관적 행복감을 증진시킴은 물론 부정확한 정보에 기초한 비합리적 의사결정의 폐해를 예방하기 위해서도 필수적인 것이다(유광석, 2014b: 113-120). 종교통계의 정확성은 결국 지구화 과정의 산물로서 지속적으로 증대되고 있는 종교적 다양성에 대한 한국

05 Public Law 94-521(http://ask.census.gov/faq.php?id=5000&faqId=29(2015년 4월 2일 마지막 접속).

사회의 대응방식을 결정한다. 미국 사회통계의 저명한 전문가로서 시카고 대학의 NORC(National Opinion Research Center)에서 GSS를 관장하고 있는 스미스(Tom W. Smith)에 따르면, 종교통계가 가장 발달한 미국에서조차 미국 내의 종교적 소수자 그룹에 해당하는 무슬림, 불교도, 힌두교도 및 기타 종교인들의 비율에 관한 통계적 합의는 없다고 한다(Smith, 2002: 578). 미국 전체 성인의 약 2.7%(GSS, 1998~2000)~2.1%(ARIS, 2001) 정도로 추산되는 비유대-기독교 종교전통의 인구는 지속적으로 증가하고 있지만 여전히 소수자 그룹에 불과하다(Smith, 2002: 582-583). 그럼에도 불구하고 종교적 소수자를 포함하기 위한 값비싼 통계조사방법을 미국의 인구센서스나 사회조사들이 고수하는 이유를 스미스는 다음과 같이 간명하게 정리하고 있다.

종교를 다루는 분석적 어려움에도 불구하고, 그 노동의 대가는 종교가 리서치에서 사용될 때 발생하는 설명적 이점들에 의해 충분히 보상된다. 문화적 기원과 그 방향성의 핵심적 지표로서 종교는 단순히 믿음의 문제뿐만이 아니라, 인공유산, 성역할, 교육(학교에서의 기도, 창조론, 종립학교에 대한 정부지원), 피임과 성적 개방성, 반공주의와 같은 다양한 도덕적 · 사회적 및 정치적 쟁점들에 대해서도 강력한 예측 변수이다(Smith, 1990: 242).

한국 사회에서 종교적 다양성이 증대하고 있다는 주장은 결국 종교시장에서 예측변수로서 종교의 영향력이 실제로 커지고 있다는 것을 의미한다. 종교적 현실을 통계적 관점에서 더 과학적이고 정확하게 이해하고자 하는 노력은 종교시장의 변화와 추세를 분석하는 사소한 기술적 발전이 아니라 한국 사회가 직면하고 있는 수많은 사회적 문제들의 심층에 잠재해 있는 종교적 변수들을 실증적으로 인식하고 합리적 관점에서 대응할 수 있게 해 주는 사회적 인식 시스템의 새로운 모델 개발과 깊이 연결된 것이다.

종교센서스의 필요성

통계학이란 본질적으로 미래를 예측하기 위한 기술적 방법들의 집적으로서 확률적 진실을 추구할 뿐이다. 확률적 진실은 결코 기정사실로 치환될 수 없다는 점에서 모든 통계자료는 믿음의 대상이 아니라 사실 의심의 대상이다. 의심 없는 믿음을 추구하는 종교성이 위험한 것처럼 통계적 자료에 대한 합리적 의심이 전제되지 않은 모든 종교연구는 방법론적으로 위험한 결론에 이를 수 있다. 특히, 조직, 제도, 교리, 구성원의 의식과 행태에 관한 충분한 질적 및 양적 조사 자료가 없는 한국 신종교분야의 연구주제들은 여전히 계량적 접근법으로는 다루기 어려운 부적합한 연구대상인지도 모른다(남춘모 · 박승길, 2014: 259-260). 과학적 종교연구의 발전을 위하여 양적 연구방법론이 종교연구에 강요하는 기계적인 전제와 과도한 단순화를 성급하게 수용하는 것도 큰 문제이지만, 종교정책적 관점에서 종교단체와 종교인구 전반에 대한 광범위한 양적 조사의 필요성을 정부 스스로 인정하면서도 그에 대한 충분한 재정지원과 투자를 소홀히 하고 있는 정부의 태도는 일종의 직무유기에 해당한다. 종교조사가 아닌 인구조사의 자료와 종교단체들의 자체적 보고서만을 근거로 아무런 객관적 검증절차 없이 『한국의 종교현황』을 간행하는 것은 국내에서뿐만 아니라 국제적으로도 큰 혼란을 초래하고 있다.

본 연구는 인구센서스의 결과에 기초한 종교인구현황을 중심으로 그것이 어떻게 그리고 왜 하나의 기정사실로 간주될 수 없는지를 설명하고, 해외의 주요한 종교 관련 데이터베이스에서 종교범주화의 유형과 한국의 종교현황들이 어떻게 기술되고 있는지를 간략하게 비교분석하였다. 기성종교뿐만 아니라 종교적 소수자들에 대한 인구센서스의 자료들은 한국 사회의 종교적 상황을 부분적으로 과장하거나 과소평가하는 본질적 한계를 갖고 있고, Pew Database, World Christian Database, ARDA, World Values Survey와 같은 해외 데이터베이스들과의 비교에서도 자료들의 범주화 및 양적 일관성을 찾기 어렵다. 글로벌 시대의 다종교사회로 진입한 한국 사회에서 종교인구의 정확한 조사와 측정을 위해서는 서구사회에서 개발된 종교범주나 통계조사방법을 반드시 따라야 하는 것은 아니지만, 현행 인구조사표의 단순한 포괄범주들보다는 훨씬 더 세분화되고 정교한 종교범주들을 개발할 필요는 절실해 보인다. 종교현상을 개인적 문제가 아니라 사회현상의 하나로서 이해하고 사회진보에 기여할 수 있는 종교연구의 새로운 역할을 수행하기 위해서는 종교정보학이나 종교통계학과 같은 융복합적 접근법의 발전을 장려하고 투자하는 데 정부나 학자들이 더 많은 관심을 기울여야 할 것이다.

CHAPTER 08

종교와 환경

종교생태학

종교생태학과 시민문화

오늘날 반복되는 환경문제와 생태계 질서의 붕괴에 대해 많은 연구가 다방면으로 진행되어 왔지만 이들은 여전히 제한적으로만 타당한 경험적 연구들이거나 동서양 철학을 피상적으로 절충한 개론적 연구들에서 더 나아가지 못하고 있다. 생명과 자연을 대하는 사유체계의 패러다임이 획기적으로 전환되지 않고서는 현재의 환경 및 생태위기를 해결할 수 없다는 것을 이제는 학자와 전문가뿐만 아니라 시민들도 일상적 체험으로 깨닫고 있다. 하지만 기존의 연구들은 '종교와 과학', '종교와 환경윤리' 그리고 '환경 또는 생태신학'을 중심으로 서양의 이론적 맥락을 소개하거나 변증신학적인 설명들이 주를 이루고 있어(정진홍 외, 2002; 소기석, 2005; 김도훈, 2009) 갈수록 심각해지는 환경 및 생태위기문제의 정책적 해결에 종교가 어떤 역할을 할 수 있고 그것의 이론적 함의가 무엇이지에 관하여는 여전히 관련 연구가 절대적으로 부족한 실정이다. 기존의 연구들이 매우 선구적이고 개척적인 것임을 인정하면서도 본 장에서는 종교생태학적 관점에서 종교인 또는 종교공동체의 환경 및 생태의식을 사례별로 경험적으로 분석하고, 종교전통 내에서 도출 가능한 생태적 전통의 현대적 의의와 그 한계 그리고 정책적 함의를 간단히 제시하고자 한다.

자연과학적 생태학의 범주로부터 생태주의 담론을 철학적 및 윤리적으로 발전시킨 것은 잘 알려진 것처럼 산림감시원으로 근무한 자신의 경험으로부터 1949년 *A Sand County Almanac*를 사후에 출판한 레오폴드(Aldo Leopold)의 영향에 기인한다. 환경 및 생태문제에 대한 과학적 및 경제적 변화보다는 철학적 및 윤리적 가치관의 변화, 즉 세계관의 변화가 근본적 대안이라는 대지윤리(land ethic)의 개념에 많은 이들이 공감하면서 가능했다. 뒤이어 1962년 카슨(Rachel Carson)은 『침묵의 봄(*The Silent Spring*)』에서 DDT나 BHC와 같은 농약의 영향으로 죽어가는 토양, 동식물 및 인체에 미치는 다양한 방식을 보고하면서 미국 사회의 인간 중심적 성장방식에 생물학자로서 경종을 울렸다. 1967년 화이트(Lynn White Jr.)가 *Science*에 발표한 논문 "The Historical Roots of Our Ecological Crisis"는 서양사회의 환경윤리에 대한 문화적 반성을 촉발시켰다. 논문의 요지는 기독교의 창조론에 내재한 비순환적이고 직선적인 세계관이 애니미즘을 타파하고 자연을 탈신성화시킴으로써 자연의 착취를 방지하던 정령들을 모두 제거하였고, 이러한 기독교 사상을 배경으로 현대 과학과 기술은 자연을 지배와 이용의 도구로만 간주하게 되었다는 것이다. 1973년 네스(Arne Naess)는 기존의 피상적 생태주의 운동을 환경개량주의로 비판하면서 서구 계몽주의 철학에 기초한 마르크스주의, 프로이드주의, 자본주의적 시장경쟁원리 및 과학우월주의 등을 총체적으로 부정하는 심층생태주의를 주장하였고 다양한 분과에서 이러한 생태주의적 통찰력을 인용하기에 이르렀다. 하지만 한국 사회에서는 서양의 심층생태주의가 자본주의적 생산과 소비양식의 지구적 확산과 혁신적 과학기술의 급속한 발전이라는 인류의 전무후무한 업적을 과소평가하는 염세적인 망상으로 주류학계와 관료들에 의해 배척당하면서 1990년대에야 비로소 환경생태주의에 대한 진지한 학문적 관심이 생기기 시작했다.

종교생태학

종교생태학(religion and ecology)은 1996년부터 1998년까지 개최된 하버드세계종교연구소(Harvard Center for the Study of World Religions)의 총 10회에 걸친 학술대회에서 발표된 논문들을 기초로 출판된 총 10권의 종교와 생태시리즈 총서를 계기로 학문적 체계와 전문연구자 그룹이 생겨나기 시작했다(Jenkins, Tucker, and Grim, 2018: 9). 생태환경사, 생태문학, 생태철학 등이 이미 40여 년 전에 시작된 것에 반해 20여 년 늦게 종교생태학은 출발했지만, 그 짧은 역사에도 불구하고 전 세계적으로 많은 학자들이 이 분야에서 활동하고 있다. 터커(Mary Evelyn Tucker)가 1998년 예일대에서 시작한 종교생태포럼(Forum of Religion and Ecology)은 2002년 캐나다, 2005년 유럽 그리고 2011년에는 호주로 확산되었으며, 이제 소식지의 정기 구독자가 약 12,000명에 이를 정도로 성장했다(Jenkins, Tucker, and Grim, 2018: 9). 종교생태학은 유교, 불교, 도교, 기독교, 민간신앙 및 자생종교의 생태전통과 생태사상을 현대적 상황에서 재해석하고 발전시키려는 단순한 종교연구(Study of Religion)의 차원에서 나아가 환경 및 생태계 파괴로 인해 계층 간에 서로 다른 영향을 받을 수밖에 없는 사회구조적 불평등을 개선하고자 하는 생태적 정의(Ecological Justice) 운동으로 확대되고 있다. 이러한 운동은 종교인이건 아니건 모든 사회구성원들이 환경 및 생태위기문제에 동참해야 한다는 윤리적 당위성을 부과함으로써 현실 사회는 구성원 모두에게 일종의 생태적 개종(Ecological Conversion)을 요구하고 있다. 대안적 세계관으로서 생태적 개종은 종교철학, 종교교리, 종교행위와 의례, 종교공동체 등의 종교현상을 포함하지 않을 수 없고 기존의 인간중심적 세계관과는 전혀 다른 새로운 종교현상이라고 할 수 있다(소기석, 2005). 교리적으로 무질서한 자연을 지배와 정복의 대상으로 간주하고 신앙에서 인간의 이성적 능력을 강조한 아우구스티누스와 아퀴나스로 이어지는 주류기독교 신학의 이원론과 달리 동학의 개벽사상, 증산의 해원상생, 유교의 천지인합일, 불교의 연기론, 도교의 무위자연 사상은 불균형적이고 불완전한 비생태적 현실을 초월하는 하나의 초월적 세계 또는 생태적 이상사회를 지향하고 있다.

생태적 관점에서 유교의 천지인합일(天地人合一)사상은 자연과 인간이 유기적으로 연결된 존재일 뿐만 아니라 물, 공기, 바위, 나무와 같은 물질들도 생명성을 부여하여 전체우주의 질서를 구성한다는 기본적인 우주관을 대표한다(한면희, 2009: 143-144; 박혜순, 2006: 35-58). 선진(先秦)시대 공자의 '인(仁)'은 인간다움의 근거이자 자연사물의 생명력을 의미하고, '충서(忠恕)' 개념을 확대해석하면 자연사물에 대한 도덕적 배려의 이론적 근거로 발전시킬 수 있다. 맹자에 따르면 인간의 선한 본성은 동식물에게까지 도덕적 배려가 따라야 한다. 순자의 기생지의(氣生知義)에 따르면 기(氣)는 인간과 만물의 공통 기반이며, 기의 위계상 인간은 만물의 영장이다. 이때 기는 단순한 물질이 아니며, 기에 의해서 자연과 인간은 분리된 존재가 아니라 상호 영향을 주고받는 연속적 질서에 속해 있게 된다. 또한 『周易 · 說卦傳』에 나오는 건곤부모설(乾坤父母說)을 우주 대가정 모형이라고 하여 유교에서 사유하는 세상 만물의 유기적 관계성을 설명하는 학자도 있다. 끝으로, 양명학의 치양지(致良知) 이론은 심학(心學)을 통해 자연사물과 인간의 소통 가능성을 설명하고, 지행합일설에 따라 실천력을 확보하고 생태학적 관점에서 자연 만물에까지 양지설을 확장할 수 있는 가능성이 있다고 한다. 특히, 양명학의 만물일체론은 "자신을 포함한 천지만물을 하나의 연결체로 보고, 천하 모든 사람에 대해서 내외원근을 구별하지 않으며 모든 살려고 하고 살 수 있는 것에 대해서는 모두 형제 부모자식의 친애의 정을 가지고 그 생의 보전과 평안을 원하고, 그들을 교도하고 양육하려 하며, 그 위에 만물일체의 생각을 실현하려고 하는 것이라고 한다"(『전습록 · 答顧東橋書』). 간단히 정리하면, 뚜웨이밍이 요약한 것처럼 유가생태론의 핵심은 '존재의 연속성'이며, 우주는 연속성, 총체성 그리고 역동성을 통해 영속적인 생명력을 유지하는데, 이때 인간에게 요구되는 도덕적 생태학의 실현은 인간의 자기수양으로부터 시작된다고 한다.

불교사상에서는 선종(禪宗) 전통의 생활규범을 원형 그대로 보존해 오고 있는 불교공동체가 생태친화적 불교교리의 장으로서 중요한 연구 대상이 된다(서재영, 2011; 유정길, 2014). 동국대 불교문화연구원의 『불교생태학총서』(전6권)는 불교생태학 연구자들에게 선구적인 참고문헌으로 기여하였음에도 불구하고, 기존의 '불교생태주의(학)'라는 이름으로 수행된 적지 않은 연구들이 경전과 교리 해석에 치중하는 바람에 동아시아의 다른 종교사상이나 전통과의 심층적 비교연구로는 확장되지 못했다. 불교생태주의의 핵심은 주체

중심적 사유로부터 벗어난 관계론적 관점의 추구에 있다고 할 수 있다(고영섭, 1999, 2008; 서재영, 2007: 87). 즉, 생태주의의 관점에서 자연환경의 파괴는 주체중심-인간중심주의에 기반한 서구적 근대성(modernity)이 전개되어 온 데 따른 필연적 결과로 이해된다(박재묵, 2004; 구도완, 2012). 따라서 주체와 객체의 이분법적 사유를 애초에 지양하고 만물의 관계망에 대한 통찰을 획득할 것을 주문하는 불교의 연기론(緣起論)은 서구 생태주의의 인식론을 선취하고 있다고 할 수 있다. 고영섭에 따르면, "생태는 몸과 욕망의 문제이며 몸과 욕망의 상생의 문제이다. 같은 공간 속에 존재하면서도 타자에게 주는 피해를 최소화 내지 무화(無化)시키는 연기적인 삶의 방식이다."라고 한다(고영섭, 1999: 170). 생태적 관점에서 인간의 탐욕과 욕망은 환경과 생태계 위기를 자초한 인간성으로서 이해되는 반면에, 자본주의적 생산과 소비양식에서는 이윤창출과 경제적 성장의 합리적 동기로 간주된다. 인간의 이기심과 탐욕을 정당화하고 그 기반 위에서 건설된 자본주의 문명 패러다임으로는 오늘날의 생태적 위기를 근본적으로 극복할 수 없다는 점에서 많은 종교생태학자들은 불교에서 대안을 찾고자 한다. 불교의 연기론뿐만 아니라 채식주의, 불살생(不殺生), 금욕(禁慾), 자비(慈悲), 동정(同情)과 같은 개념은 인간과 자연만물의 가치를 동등하게 간주하고 자연세계의 한 부분으로서 인간의 생태적 정체성을 자각하고, 타자(他者)의 고통을 공감하고 그대로 느끼는 능력을 배양하는 데 주요한 역할을 할 수 있기 때문이다.

도가(또는 도교)사상은 유교보다 훨씬 더 뚜렷하게 자연친화적이며 자연에 대한 전폭적인 신뢰를 보낸다. 자연사물의 속성으로 우주의 운행원리를 설명하고 자연의 존재방식에서 삶의 법칙을 연역해 냄으로써 현대 시민사회에 응용 가능한 다양한 생태철학적 함의를 내포하고 있다. 형이상학적 도와 실천을 중시하는 도가사상, 도가철학을 기반으로 형성된 종교적 수행 중심의 도교 경전을 중심으로 생태학적 함의를 추적해 보면 다음과 같다.

첫째, 초기 도가의 대표적인 인물인 양주의 '위아설', 생을 온전히 해서 참됨을 지킨다는 '전생보진(全生保眞)', 생을 무엇보다 중시하는 '경물중생(輕物重生)' 사상은 생태위기 시대에 우리가 무엇을 우선시해야 하는지 깨닫는 데 도움을 준다. 도가사상의 핵심을 이룬 노자는 모든 인간행위의 법칙을 자연의 운행원리에서 연역하고 자연의 상도를 따라 무위하면 무불위가 실현된다고 생각하기 때문에 인간의 인위에 대해 극도로 경계한다. 노자가 보기에는 인위적으로 구축한 문명체계가 곧 오늘날의 생태학적 위기를 초래한 것이다. 노자철학이 기본적으로 생명 중심적이기 때문에 『도덕경』에서 발굴할 수 있는 생태학적 함의는 무궁무진하다. 가장 간단한 함의는 '물의 철학'과 '시이(是以)의 법칙'이다. 노자철학에서 물은 비가시적인 도의 가시화된 자연 사물이므로 물처럼 생각하고 물처럼 행동하면 그것이 곧 무위를 실천하는 것이고 무불위의 효과를 가져오는 반면에, '시이(是以)의 법칙'은 인간이 자연의 상도를 따라야만 하는 이유를 설명하는 노자식의 연결사로서 자연의 존재 양식이 이러저러하니 성인도 그대로 따라 이러저러하게 행위한다는 것이다(박혜순, 2013).

둘째, 노자철학에서 도의 메타포가 물(水)이라면 장자철학에서 도의 메타포는 기(氣)이다. 이런 사실은 도가철학의 연원이 자연에서 출발하고 있다는 사실을 단적으로 말해 준다(박혜순, 2012). 장자는 기일원론적 세계관에 따라 자연상태의 모든 것과 변화를 있는 그대로 긍정하고 수용한다. 장자의 만물제동사상은 레오폴드(Rand Aldo Leopold)의 전체론적 생태주의나 웨스턴(Anthony Western)의 '탈중심화'와 '다중심주의'를 능가하는 생태학적 함의를 지니는 것으로서 전편에 걸쳐 전통과 지식의 한계를 비판하고 경험과 지식에 갇히지 말라고 한다. 한정된 지식이 인간을 가두기 때문에 '이명(以明)'의 인식적 태도로 전체를 조망하고 통찰함으로써 도추(道樞)의 관점에서 보면 내적 자유와 동시에 외적 자유를 확보할 수 있다는 것이다(박혜순, 2016).

셋째, 도교경전이 가지고 있는 강점은 무엇보다 자연의 법칙에 따른 생명존중사상을 핵심으로 삼고 실천 가능한 방법론을 계발하고 있다는 것이다. 생명의 관계성과 상호 의존성 및 활동(생태)에 대한 전일적(全一的) 또는 정체적(整體的) 관점과 상관적(相關的) 사유, 그리고 상호 감응에 기초한 일체화의 체험이 도교에서는 중요하다. 동양의 전통 철학과 종교는 '생명'을 기반으로 삼는다. 따라서 서양의 분석적 사유와 대비되는 동양의 '직관적 사유'의 특성에 주목한다. 여기서는 생명체(생물체)들 간의 '관계'를 전제하며 동시에 '소통'의 문제를 중시한다. 생물체들 간의 상호 의존성과 상호작용을 여실하게 느끼고 이해하며 상호 관용하고 포용할 수 있어야 한다(補生). 소통은 감성(emotion) · 감통(感通) · 감응(感應) · 공명(共

鳴)의 체험을 통한 일체화(通達), 즉 '포월(包越)'까지도 가능케 한다. 이것이 이른바 '물아일체(物我一體)', '주객합일(主客合一)', '천인합일(天人合一)', '심물합일(心物合一)', '정경융합(情景融合)'이다. 이 지점에 서게 되면, 상호 경쟁으로부터 유발된 분노와 원한과 적대감이 사그라들고 상보 · 상생의 방향으로 전환을 일으키게 된다. 하나의 '同-異-和'라는 생태적 관계의 세계에서는 모든 것이 '같기도 하고 동시에 다르기도 하며', '질서 속의 무질서, 무질서 속의 질서'를 자유자재로 허용한다.

도교는 인간의 인식을 제한하는 그릇된 이념과 가치에 얽매이지 않고 소유론적 상태에서 벗어나 존재론적 상태로 나아갈 것을 주장함으로써, 유가의 지배계급적 관점에 대응하는 민중적이고 저변적이며 토착적(土生土長)인 삶을 대변하는 민중의 종교로서 중국인들의 일상에 스며든 생태전통의 실천방식을 이해하는 데 중요한 기여를 할 것이다.

동학이나 증산 사상에 영향을 받은 한국의 자생종교들도 그 나름의 생태적 전통을 발전시켜 왔다. 그중 원불교는 한국의 환경생태운동에 가장 적극적이고 지속적인 활동을 전개하고 있는 신종교로서 그 중심사상에는 다른 자생종교들처럼 해원상생과 개벽사상을 전제하고 있다(박광수, 2005). 동학에서 주장하는 '개벽(開闢)사상'은 당시의 세계정세를 '상해(傷害)의 운수'로 보면서 후천개벽이 도래할 조짐이라고 진단한다. 최제우는 한울님을 마음에 모시고, 즉 시천주(侍天主)를 통해 이기심, 즉 각자위심(各自爲心)에 물들어 있는 세상 사람들의 마음과 기운을 모두 한울님의 마음과 기운으로 바꾸는 정신의 개혁을 주장한다. 그리하여 후천개벽의 세계, 즉 모든 사람들이 동일한 평등에 이르는 동귀일체(同歸一體)의 세상, 즉 지상천국에 이르게 된다는 것이다. 이와 같은 맥락에서 원불교의 창시자 소태산은 현시대가 "묵은 세상의 끝이요, 새 세상의 처음"이라고 하면서 문명의 전환을 거쳐 원시반본하는 시대, 즉 우주의 진리가 시작도 없고 끝도 없이 무한히 돌고 도는 근본의 원점으로 돌아온다고 주장했다(박광수, 2005: 117). 또한 증산사상에서 두드러진 해원상생 개념을 발전시켜 불교의 연기론을 수용하면서 인간 개개인의 이기심이 아니라 우주의 모든 존재들이 연기적 은혜의 관계로 서로에게 의존하고 있다는 상생의 정신에 기초한 새로운 문명의 시작을 사은(四恩)의 개념으로 재해석하였다.

이와 같은 원불교의 교리적 해석이 실천적 환경활동으로 전환된 계기는 1988년 전남 영광의 원자력 발전소 건설을 둘러싼 반핵운동이었다(환경부, 2001: 48). 이후 천주교, 개신교, 불교와 함께 한국의 4대 종교로서 환경운동과 생태적 실천운동을 전개하는 주요한 역할을 수행하고 있다. 종교사회학적으로 흥미로운 것은 원불교와 달리 동학계열의 대표격인 천도교 그리고 증산계열의 대표격인 대순진리회와 같은 신종교들은 그들의 생태적 사상 전통을 실천적으로 발전시키지 못하고 있다는 점이다. 그들 자신의 사회정치적 고려와 내부적 이해관계가 다를 수 있지만 그들 대부분은 사회적 차원의 환경생태운동에 적극적으로 참여하지 않을 뿐만 아니라 진지한 생태의식을 갖고 있지도 않다. 다만, 금강대도와 같은 일부 소수종교들은 개인적 수행의 차원에서 채식주의를 고수하고 있다.

한편, 내 마음에 모시는 신과 외재적 밖의 신이 동시에 존재한다는 동학의 범재신론(panentheism)은 기독교의 생태신학이나 문학 분야에서 한국이나 동아시아의 토착적 생태론을 구축하는 데 빈번히 원용되고 재해석되고 있다. 특히 수운의 시천주사상에서 나아가 해월(海月) 최시형의 '양천주(養天主)'사상은 용시용활(用時用活)이라는 구호하에 밥을 먹는 행위(以天食天)로부터 시작하여, 삼경사상(하늘을 존경하고(敬天), 사람을 존경하고(敬人), 더불어 물건(사물)까지를 존중(敬物)할 것)을 주장하면서 친자연적이고도 친생태적인 사상의 새로운 지평을 제시하게 된다(전석환 · 이상임, 2017). 간단히 요약하면, 동학의 범재신론은 유대-기독교 전통의 초월적 절대주의 신관과 절대적 실재는 인간의 마음과 모든 만물에 깃들어 있다는 동양의 일원론적 우주론을 사상적으로 통합하고 있다는 점에서 자연과 인간 그리고 사회를 새롭게 사유하는 생태적 세계관의 실마리를 제공할 수 있다. 예를 들어, 김지하의 율려사상(律呂思想), 김경재의 문화신학 및 이정배의 한국적 생태윤리학에서 보이는 것처럼 현대적 생태위기의 관점에서 다양하게 변용되어 한국적이면서 동아시아적인 생태문명의 사상적 자원으로 기능하고 있다.

대안적 사회운동으로서의 한국생태주의 운동이 소수의 극단적이거나 이상주의적 운동으로서 사회계층 전반을 아우르는 시민참여 운동이 되지 못한 것처럼 동양적 생태관에 관한 다학제적 관점의 인문학적 연구는 문사철 중심의 개별적 연구 수준을 극복하지 못하고 있고, 그조차도 주변화된 연구주제로 남아 있다. 단순히 동아시아 생태관을 병렬적으로 나열하는 연구가 아니라 동아시아 생태론

연구에서 학제적 관점은 매우 필수적이다. 예를 들어, 함석헌은 기독교인이면서도 "문명의 새로운 방향을 찾기 위해서" 그리고 "새로운 가치체계를 세우기 위해서" 동양의 고전을 새롭게 재해석해야 한다고 보았다. "동북아시아가 역사를 통해 이미 과거로부터 유교의 강한 영향권 아래 있어 왔던 것을 고려하여, 함석헌은 인류에게 새로운 길을 제시할 수 있는 동양의 고전철학으로서 노장철학을 사상적 대안으로 역설했다"(김성수, 2002). 함석헌은 무교회주의를 탈퇴한 뒤 퀘이커 신자가 되었고 후에는 특정 종교에 소속되지 않고 유교 · 불교 · 노장 · 기독교를 포용하면서 생명의 목적 또는 지향과 관련하여 지구 위에서 가장 먼저 일어난 생명의 첫 단계가 나무라는 이유로, 사람의 생명 또는 삶을 나무에 비유하였다. 그리고 난 것을 다시 '날기'로 비유하였으며, 날기에서 또 다시 '자유하기', '자유자재하기'라는 개념을 이끌어 내었다(『뜻으로 본 한국역사』, 한길사, 2009: 27-28). 함석헌의 생명에 대한 아낌, 평화에 대한 사랑은 비폭력 저항과 세계평화주의의 형태로 나타났다. 이후 함석헌의 생명사상은 권정생(權正生, 1937~2007) 동화들에서 생태주의적 관점으로 계승되면서 그의 철학, 종교, 아동문학 및 교육에 관련된 통합적이고 복합적인 이해를 요구하고 있다.

한편, 김지하 시인의 『생명과 자치』(솔, 1996), 이진우의 『녹색사유와 에코토피아』(문예출판, 1998), 박이문의 『문명의 미래와 생태학적 세계관』(당대, 1997), 김욱동의 『문학생태학을 위하여』(민음사, 1998), 이남호의 『녹색을 위한 문학』(민음사, 1998) 등은 환경 및 생태위기를 과학기술의 발전만으로 충분히 해결할 수 있다는 기계론적이고 직선적인 문명관의 허구성과 반역사성에 근본적 의문을 품고 생태문학적 관점에서 동양의 생태적 사고와 철학을 그들의 저작에 깊이 반영하였다. 대표적으로 김지하는 동학의 후천개벽사상과 시천주사상에 주목하고 우주의 생명을 자기 안에 회복시키고, 모든 존재의 생명을 존중하고 공경하는 태도를 취하자고 주장한 선구적 문학가였다. 이처럼 동학사상을 중심으로 전통사상을 새롭게 계승하자는 주장은 문학계 전반에 큰 영향을 주었으며(정효구, 1993), 불교의 화엄경에서 생명사상을 찾은 송희복(1995), 모든 우주 생명체들의 상호 의존성을 주장한 홍용희(1995) 등도 좋은 학제적 연구대상이 될 수 있는 문인들이다.

이처럼 종교생태학은 동아시아의 토착신앙에 내재한 범신론 사상의 현대적 의의를 생태적 관점에서 재발견하고 이론적으로 재정립할 수 있는 학문적 계기를 마련하고 있다. 애니미즘이나 토테미즘처럼 동식물을 신성시하고 세상만물에 영적 기운이 내재해 있다는 민간신앙은 동아시아에 널리 펴져 있는 오래된 문화적 전통이다. 이를 현대 생태학적 관점에서 보면, 인간이 자연에서 마주하는 수많은 생명체들의 가치는 단순히 경제적 이용가치나 교환가치로 평가될 수 없고, 모든 생명의 고유한 존엄성이 평등하게 인식될 때 비로소 이해 가능한 것이다. 민간신앙의 생태학적 가치는 나무 한 그루, 풀 한 포기, 나아가 동물세포나 식물세포의 하나에도 생명성을 인정할 수 있는지에 대한 생명윤리문제와도 깊이 연결되어 있다.

끝으로, 한국 사회의 환경운동과 생태적 시민의식의 발전에 가장 큰 사회적 영향력을 갖고 있는 개신교와 천주교의 생태신학이나 생태영성 운동 역시 종교생태학의 중요한 연구대상이라고 할 수 있다(유정원, 2013). 자연을 인간과 동등한 신의 피조물로 가정함으로써 인간중심적으로 성서를 해석한 바르트적 신학을 거부하는 개신교의 생태신학적 전통(김도훈, 2009: 76)이나 천주교의 생태적 영성 및 자연과 인간의 화해에 대한 교리적 이해보다는 그들의 환경생태운동이 한국 시민사회의 생태적 발전에 미친 영향력이 너무 크기 때문이다. 1986년 원주교구의 지학순 주교를 중심으로 천주교사회개발위원회 및 가톨릭농민회에서 함께 시작한 서울 제기동의 '한살림농산'은 유기농 쌀의 생산과 소비를 장려하기 위해 한국에서 처음 시작한 선구적 생태운동으로 오늘날 '한살림'은 전 세계에서 유기농 먹거리를 취급하는 협동조합 중 가장 규모가 큰 곳 중의 하나가 되었다.[01] 이러한 생태운동을 교리적으로 정당화하는 생태신학적 연구 역시 비교적 역사가 길고 전 세계의 많은 연구자들이 참여함으로써 그 내적 범위가 매우 넓고 다양하다. 대표적으로는 진화론을 수용한 가톨릭 사제로서 샤르댕(Pierre Teilhard de Chardin, 1881~1955)과 베리(Thomas Berry, 1914~2009)는 신학과 종교를 과학과 연결하여 우주 생성과 자연의 진화과정을 밝히고, 유기적인 세계관 속에서 생태시대를 살아가야 할 인간들의 새로운 역할을 주장했다. 보프(Leonardo Boff), 류터(Rosemary Radford Ruether) 그리고 개신교 여성생태신학자 맥페이그(Sallie McFague)는 남미에서 출

01 독일 경제월간지 *Brand Eins* 2019년 2월호(http://www.hansalim.or.kr/?cat=10).

발한 해방신학과 성차별에 주목하여 인간 억압과 자연 파괴, 인간의 참된 해방과 생태계의 온전한 보전을 연결시켜 생태신학을 전개하고 있다. 이들은 오늘날 생태위기의 배후를 조사하면서 사회정의와 생태정의가 동전의 양면을 이루고 있음을 밝힌다. 또한 플럼우드(Val Plumwood)는 서구 이원론의 폐해를 극복할 대안으로 자아와 타자의 상호 의존성을 전제로 생태적 자아개념을 제시하였고, 과정신학의 틀 안에서 관계성의 단절과 상실을 야기한 가부장적 인식체계를 깨뜨리고 세계 인식의 생태적 병폐를 지적한 미국의 맥대니얼(Jay B. McDaniel)과 같은 학자들도 주목할 필요가 있다.

종교생태학과 시민문화

종교생태학의 사회적 필요성은 오늘날 한국 시민사회가 겪고 있는 심각한 환경 및 생태적 위기로 인해 누구도 부인하기 어려울 것이다. 특히 그러한 환경위기를 이해하는 다양한 학문적 관점과 정책적 방안들을 하나의 일관적 원칙으로 수렴하고 사회적 합의를 이끌어 내는 것은 매우 어려운 일이다. 예를 들어, 1995년부터 2013년까지 추진된 '산촌생태마을' 사업은 4,300억 원의 정부예산을 사용하고도 전국 대부분의 생태마을이 폐허로 방치되는 결과를 낳았고, 4대강사업, 원자력발전소 건설, 제주강정해군기지, 새만금사업 등 주요한 정부사업들이 환경영향평가를 둘러싸고 극심한 사회적 갈등과 분열을 낳고 있을 뿐만 아니라 그러한 사회적 충돌과 합의 과정에서 막대한 예산낭비를 초래하고 있다. 최근에는 WHO 국제 암연구소 규정 1급 발암물질인 (초)미세먼지의 농도가 거의 매일 높아지면서 정부의 환경문제 대응능력에 대한 국민의 불신이 극에 달하고 있다(한국일보, 2018.3.26.; 뉴시스, 2017.3.16.; 중앙일보, 2016.3.29.). 이제 환경 및 생태위기는 단순한 사회문제를 넘어선 한국 시민사회의 총체적 위기로 인식되고 있다.

무엇보다 종교생태학은 단순히 종교전통에 대한 재해석과 개인적 만족감을 이해하는 차원을 넘어 시민사회가 생태적 시민문화를 형성하고 발전시키는 데 종교가 어떤 역할을 할 수 있는지를 규명하고 예측할 수 있어야 한다. 자본주의적 경제성장과 생활양식의 이면에 숨겨진 무한경쟁, 이윤극대화 및 개발주의가 낳은 환경 및 생태계 파괴실태를 사회에 환기시키고, 미래세대에 전승 가능한 생태적 자원들을 보전하고 회복시키기 위한 시민들의 생태의식과 인간성 회복을 위해 종교는 오랫동안 환경 관련 공적 담론에 참여하고 있다. 공론화 과정을 통해 형성되는 생태적 시민문화는 생태적 복원을 위한 환경기술과 환경산업, 기후변화, 대기환경, 수자원 관리, 그리고 일상생활에서 소비되는 화학물질, 전자파, 방사능, 중금속오염, 항생제 남용 등의 주요한 환경생태적 사안들에 내재한 인간의 탐욕과 이기심에 대해 반성적 성찰의 기회를 제공하고 시민 스스로 환경 및 생태 시민윤리를 준수하도록 만든다.

앞 장에서 논의한 것처럼 종교는 시민사회의 질적 발전을 결정하는 중요한 요소이고, 한국 시민사회의 종교적 다양성은 글로벌화의 영향으로 양적으로나 질적으로 빠르게 증대하고 있다. 현대화 과정에서 종교가 사회적 자본으로 기능할 때 종교는 시민사회에 신뢰와 통합의 구심점으로 작용하지만, 반대로 종교가 반(反)사회적 자본으로 기능할 때 종교는 시민사회에 불신과 부패와 갈등의 원심력으로 작용한다. 미국의 정치학자 후쿠야마(F. Fukuyama)는 『트러스트』(1996)에서 신뢰를 사회적 자본의 가장 중요한 원천으로 보면서, 신뢰가 통상 종교나 전통, 역사적 관습 등 문화적 기제를 통해 창조되고 전수된다고 주장하였다. 그에 의하면, 어떤 문화는 풍부한 사회적 자본을 산출하는 고신뢰 사회가 되고, 반대로 빈약한 사회적 자본을 산출하는 사회는 저신뢰 사회가 된다. 다시 말하면, 생태적 시민문화의 형성은 종교적 자본을 사회적 자본으로 전환시킬 수 있는 그 사회의 문화적 역량에 의존한다. 생태적 관점에서 종교시장 정책이란 바로 이러한 전환을 통해 시민적 역량을 성장시키기 위한 정부의 행정적 · 입법적 및 사법적 차원의 계획적 국가행위를 의미한다. 종교단체들의 환경생태운동을 단순히 정부의 개발정책에 대한 저항운동이나 소수의 급진적인 환경운동가들의 대중선동으로 간주하는 것은 생태적 시민문화를 형성하는 데 시민적 역량이 절대적으로 부족한 현실을 정확히 인식하지 못하는 정책적 편견에 기인한다. 정치경제적 이해관계에서 보다 자유로우면서도 인적 네트워크와 상호 간 신뢰가 강한 종교단체의 특성을 사회적 자본으로 활용할 수 있다면, 생태적 시민문화담론을 활성화시킴으로써 생태적 위기에 대한 시민사회의 합리적 이해와 참여를 증진하고 사회구성원 개개인이 일상생활에서부터 공공정책참여에 이르기까지 도덕적 생태정체성(ecological identity), 즉 생태적 시민덕목을 배양할 수 있을 것이다. 시민 개개인의 생태인식과 생태적 감수성이 결여된 상태에서는 생태적 또는 친환경적 정책에 대한 시민참여(civic engagement)는 결여되고 예산만 낭비하는 환경정책의 실패를 거듭할 수밖에 없을 것이다.

2015년 파리기후변화협약과 UN에서 채택된 지속 가능한 발전목표(Sustainable Development Goals: SDGs)를 둘러싼 국제사회의 논쟁에서 알 수 있듯이 한국 시민사회는 지구적 차원의 기후변화와 관련한 정책적 어젠다에서 더 이상 예외가 될 수 없다. 기후변화, 대기오염, 원자력발전소 건설, 폐기물 수출과 같은 주요한 국제적 환경문제에 국제사회의 일원으로 인류 전체의 생존을 위해 대응해야 하는 한국 시민사회의 생태적 역량의 제고는 단기적 정책으로 달성 가능한 정책목표가 아니다. 또한 정부의 환경정책만으로 가능한 것도 아니고, 사회제도나 법규 제정만으로 생태적 시민문화가 실현되는 것도 아니기 때문에 시민 스스로 생태적 및 친환경적 가치관을 내면화할 수 있는 시민문화정책이 수반되어야 한다. 생태적 관점에서 문화정책적 실패의 대표적 사례가 웰빙문화(well-being culture)라고 할 수 있다. 2000년대 이후 경제적 · 물질적 풍요를 넘어 시민의 질적 행복과 계층 간 상생이 최우선적 사회정책지표가 되면서 웰빙문화는 시민의 의식주 전반을 통제하는 하나의 문화적 규범으로 정착했다. 이를 반영하듯 한국의 유기농산물시장 규모는 매년 약 6% 정도로 성장하고 있고 전 세계적으로도 수요가 공급을 초과하는 실정이라고 한다(한국농촌경제연구원, 2017). 농림축산식품부의 조사에 따르면, 전국 각지에 우후죽순 조성된 전원마을이나 생태마을들은 웰빙의 상징처럼 되었고 귀농 · 귀촌 가구의 10곳 중 6곳은 전원생활을 주요한 동기로 선택했다고 한다(한겨레신문, 2019.3.11.). 하지만 2000년대 이후 한국의 의식주 문화를 총체적으로 변화시킨 웰빙욕구는 환경생태운동에 큰 동력이 되거나 생태적 시민문화의 원천으로 작용하지 못했다. 그것은 한국의 시민사회가 웰빙문화를 개인의 건강과 만족에 대한 질적 욕구로만 이해하고 그것에 시민 윤리적 및 시민 도덕적 규범을 분명하게 정립시키지 못했기 때문이다. 공동체적 규범이나 정신이 결핍된 상태에서 인간의 탐욕적 이기주의와 상업적 소비문화가 결합된 웰빙문화는 환경생태적 관점에서는 또 하나의 자기파괴적 문화의 연장일 뿐이다. 생태적 가치관이 결핍된 폐쇄적 개인주의나 이상주의는 웰빙이나 친환경을 가장한 새로운 방법의 자연착취와 영리추구활동으로 전락하는 시대착오적 모순에 빠지기도 한다. 이런 맥락에서 생태의식이 결여된 인간의 풍요와 자기만족의 욕구문화를 제어할 수 있는 유일한 보루는 종교공동체의 생태적 신념과 실천에 있다. 결국, 한국 시민사회가 역사적으로 아무리 정교하고 체계적인 생태사상과 전통을 보유하고 있다 하더라도 인간, 자연, 그리고 생명의 관계성에 대한 공생적 생태관이 시민정신(civic ethos)으로 자리 잡지 못한다면 생태적 시민문화는 형성되기 어려울 것이다.

CHAPTER 09

종교시장정책의 한계와 과제

종교시장이론은 미국적 문화전통을 배경으로 탄생한 지극히 미국적인 이론이다. 종교시장이론에 가해진 비판과 한계는 이미 필자의 졸저 『종교시장의 이해』(2014)에서 일목요연하게 정리해 두었다. 그것은 종교시장이론을 종교사회학적 패러다임의 변화나 문화적 맥락과 상관없이 평가절하하거나 포장하려는 한국의 종교연구자들에게 종교시장이론을 좀 더 체계적으로 소개하고자 하는 필자의 욕심을 담은 것이었다. 반면에 이 책의 중심 주제인 종교시장정책은 이론적 타당성이나 논리적 정합성과 같은 문제보다는 실제 세계에서 적용 가능하고 구현 가능한 실천적 문제들에 집중한다. 이 책에서는 사실 종교시장이론과 그에 기초한 당위론적 정책을 엄밀하게 구분하지 않았다. 왜냐하면, 정책은 이론과 다른 것이지만 밀접히 상관되어 있다는 전제에서 양자를 엄격하게 구분하기 어려운 경우가 구체적 사안들에서는 더 많기 때문이다. 이런 면에서 '종교시장'은 정책의 대상이면서 정책의 이념적 지향점이다.

종교시장정책은 단순한 정종유착(正宗癒着)의 관행과 혼동되어서는 안 된다. 정권에 유착된 거대종단의 행사에 정부예산을 지원한다든지, 소수종교의 법인화를 제도적으로 어렵게 한다든지, 종단의 시설개보수에 정부예산을 불균등하게 지원해 주는 등의 행위는 정치행위로서의 성격이 강한 것일 뿐 본질적으로 국민 전체의 이익, 즉 공익을 추구하는 국가정책으로 입안된 것이 아니다. 종교사회학이론이 정치이론을 대신할 수 없는 것처럼 본질적으로 정치행위인 것을 종교현상으로 이해하려는 시도들 역시 부질없는 짓일 것이다. 어떤 경우든 동시대 한국의 종교사회학 논의에서 국가정책으로서의 종교정책을 논한 연구들은 거의 찾아보기 어렵다. 정교분리를 명문화하고 있는 대한민국의 헌법은 이념적으로는 어떠한 제정일치적 사회도 지향할 수 없는 것이 명백하지만, 국가가 종교정책을 포기하도록 면죄부를 제공하는 것으로 간주되어서도 안 된다. 국민의 종교적 행복을 증진시켜야 할 의무가 국가에게 부과될 수 있다면, 국가는 모름지기 전체 국민의 종교적 행복을 위해 국가적인 정책을 수립하고 집행해야 할 것이다.

구 패러다임을 견지하고 있는 사람들에게는 종교 간의 갈등과 충돌을 방지하고, 종교 간 대화와 타협 그리고 권위주의적 기성질서 내에서 종교를 제한하기 위해 종교정책이 필요한 반면에, 새로운 패러다임을 추구하는 진영에서는 전체 사회구성원의 종교적 행복을 적극적으로 실현하기 위해 종교정책이 요구되는 것이다. 새로운 패러다임을 자처하는 종교시장이론은 종교행위의 본질이 경제적 합리성에 근거한 경쟁과 선택의 문제임을 설명하는 데서 나아가 이론적 토대 위에 구축된 정책적 방향성까지도 진단하지 않을 수 없다. 따라서, 이 책의 앞 장들은 종교시장이론에 근거한 종교정책이 현대 한국 사회의 맥락에서 어떻게 실현되고 있는지를 이론적 및 사례별로 고찰하였다. 하지만 정책적 차원에서 어떤 한계가 있으며, 개선점이나 향후 과제는 무엇인지에 대해 추가적 설명이 균형적 이해를 위해 필요해 보인다.

첫째, 종교시장정책은 종교현상의 계량화 작업을 강조한다. 기본적으로 합리적 정책결정에 필요한 종교 관련 양적 데이터가 절대적으로 부재한 상황에서는 정책결정에 정당성을 증명할 수 있는 과학적 자료가 없기 때문에 정책결정자의 자의적 판단이나 개인적 신앙 및 사회적 편견이 개입되기 쉽다. 따라서 종교시장에 존재하는 수많은 종교들과 그 신자들을 하나의 시장질서 내에서 관리하기 위해서는 종교현상의 많은 부분을 계량적으로 표현하고 측정하는 것이 필수적이다. 예를 들어, 종교시장에 참여하고 있는 공급자들의 현황과 주요 활동영역, 신자들의 사회 · 정치적 태도 및 종교적 만족도, 타 종교에 대한 태도 및 관계, 시장점유율, 관련 기관 등 최소한의 정책지표 데이터들이 수집되고 계량화될 수 있어야 정책적 판단이 가능할 것이다. 미국과 같이 조세행정으로 종교단체들의 활동을 주로 관리하고 모니터링하는 방법은 종교단체의 경제활동에 면세 및 감세조항뿐만 아니라 미신고 활동들이 많은 한국의 경우에는 엄격한 적용이 매우 어렵다.

물론, 종교현상을 계량화하는 작업은 쉽지 않고, 정치적으로도 많은 저항과 혼란을 야기할 수 있다. 실제로 2015년 인구주택총조사의 종교인구 조사결과를 두고 몇몇 교단이 통계청에 조사방법의 신뢰성에 의문을 제기하는 다량의 민원을 제기하고 그 공표를 막고자 정치적 압력을 행사하였다고 한다. 이는 제7장에서 언급한 미국의 경우와 매우 유사하다. 1960년대 유대인들의 조직적 저항과 정치적 로비에 의해 종교항목이 미국의 인구센서스에서 제외된 사례에서 잘 알 수 있듯이 사회적 사실로서의 종교현상에 대한 계량화 작업은 언제든 정치적 목적으로 이용되거나 기성 종교권력에 의해 조작될 수 있는 위험을 안고 있다. 종교시장이론에서는 종교시장에 대한 정치적 개입이나 조작이 오히려 사회적 갈등을 조장하고 경제적 비효율을 야기시킴으로서 결국 전체 사회구성원의 이익에 반하는 것임을 고려할 때 종교시장정책은 종교권력과 정치권력이 실질적으로 분리되었을 때 가장 효율적인 방법으로 기능할 수 있다.

둘째, 종교시장정책은 한국 사회가 한 번도 경험해 보지 않은 새로운 정책적 실험이다. 처음이라는 것은 그것이 정책으로서의 한계와 잠재력을 함께 내포하고 있다는 의미이지만, 종교다양성이 지속적으로 증대하고 있는 현대 사회에서 종교시장의 다양성과 복잡성을 관리하고 통제할 수 있는 다른 정책적 대안이 현재로선 없다. 개별적으로 종교를 관리하고자 하는 전통적 종교정책과는 달리 종교시장정책은 하나의 사회시스템으로서 종교시장을 관리하고자 한다. 즉, 정책의 직접적 대상이 개별 종교가 아니라 종교시장시스템 그 자체이다. 따라서 종교시장에 참여하는 모든 종교단체들의 경쟁과 협력, 갈등과 타협, 내적 및 외적 분쟁, 국제적 자원이동과 같은 수많은 활동들이 종교시장이라는 시스템석 질서 내에서 자율적으로 기능할 수 있도록 시장의 경쟁적 질서를 보호하고 유지시키는 것이 종교시장정책의 실질적 목표이다.

흥미로운 것은 최초로 헌법에 국교부인(disestablishment)을 명문화하고 종교적 경쟁원칙을 법제도적으로 고수한 미국의 경우 한국의 종무실(religious affairs office)에 해당하는 정부기관이 없다는 사실이다. 박정희 정권의 정치적 계산에 의해 일본의 행정편제를 답습하여 1968년 한국의 문화국 내에 종무과가 신설되었고, 오늘날 문화체육관광부 산하 종무실은 여전히 개별 종교들을 선별적으로 지원하고 그들의 정치적 민원을 해결하는 데 주력하고 있다. 반면에, 제5장에서 설명한 것처럼 한국보다 종교다양성 수준이 훨씬 더 높은 미국적 모델에서는 자국의 종교시장에 대한 개입이 아니라 종교적 자유와 경쟁원칙을 훼손하는 국제관계에 대처하기 위해 국무부 산하에 종교와 국제관계국(The Office of Religion and Global Affairs)을 설치하고 있다. 기본적으로 종교적 자유를 보장하면서도 국교전통을 유지하고 있는 나라들에서는 정부와 국교 간의 관계를 조율하기 위한 업무영역이 중요하고 종교에 기반한 정당이나 국가들도 많기 때문에 종무부(실)가 정부기관에서 잔존할 이론적 정당성이 존재하지만, 한국의 경우는 종무실이 오히려 종교다양성과 건전한 사회발전을 저해하는 방향으로 예산을 집행하고 있다(김정수, 2013; 유광석, 2014a).

[그림 9-1]은 국가질서의 근간이 되는 자유경제시스템의 건전성을 확보하기 위해 공정거래위원회의 조직적 기능이 무엇인지를 대략적으로 보여주고 있다. 이는 한국과 같이 미국의 정교분리원칙을 명확히 명문화하고 있는 헌법체제하에서 종교시장시스템 내의 공정한 경쟁과 시장의 효율성 증대를 위한 정책적 시사점을 제시한다. 엄격한 정교분리의 원칙을 충실히 이행하려면 [그림 9-1]의 공정거래위원회의 조직도와 비슷한 기능과 역할들이 종교시장의 관리와 발전을 설명하기 위해 유사하게 종무실에도 응용될 수 있을 것이다. 종교공급자 간 경쟁을 제한하는 법규를 개정하고, 카르텔과 같은 불공정한 시장구조를 조사 및 개선하고, 종교소비자의 합리적 선택을 방해하는 과장 및 허위광고를 규제하는 등의 법제도적 관리를 한국의 종무실에서 담당할 수 있다면 한국 종교시장시스템

의 건전성이 증대되고 사회적 기여도가 제고될 것임은 상식적으로도 쉽게 예측할 수 있다. 결국, 종무실의 실질적인 정책적 권한과 기능을 강화하는 방향으로 종교시장정책이 수행되어야 한다.

[그림 9-1] 공정거래위원회 조직도[01]

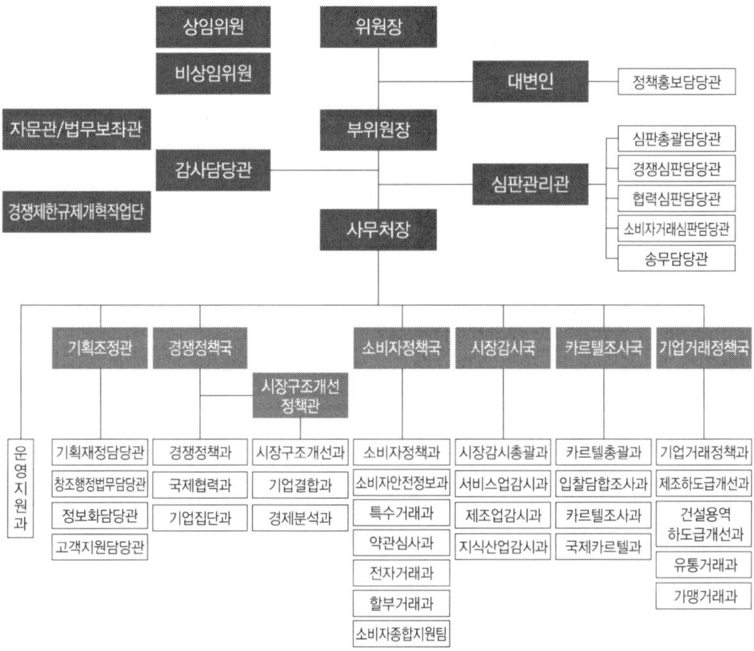

한국 종교시장의 시스템적 발전을 위한 과제는 이외에도 수없이 많겠지만, 특히 제4장에서 논의한 통합적 종교정보시스템의 개발과 보급은 정보의 부재나 불균형으로 인해 종교시장에서의 경쟁과

01 공정거래위원회 홈페이지(http://www.ftc.go.kr/ftcinfo/organization/orgMapNew.jsp 2017.4.19.)

선택이 근본적으로 왜곡되는 문제를 개선할 수 있는 중요한 정책적 과제이다. 종교시장정책은 종교적 방임정책이 아니라 종교시장 내에 존재하는 수많은 시장참여자들을 시스템적으로 관리하고 파악하는 것을 목표로 한다는 점에서 그들 사이에 정보의 불균형이 고착화되지 않도록 개방적이고 신속한 정보의 접근가능성이 양적 및 질적으로 보장되어야 한다.

셋째, 종교시장정책은 문화정책과 차별화되어야 한다. 왜냐하면 지구화 시대에 종교시장시스템은 문화의 한계 내에서 제한될 수 없기 때문이다. 전통사회와는 다른 수준의 종교다양성의 증대가 피할 수 없는 지구사회의 흐름이라고 한다면, 단일민족과 단일문화를 기초로 한 문화정책은 더 이상 종교시장정책과 병립하기 어렵다. 그렇다고 다문화정책이라고 불리는 것들이 종교시장정책을 대신할 수 있는 것도 아니다. 다문화정책의 목표는 문화적 공존이거나 동화이지만, 종교시장정책의 목표는 서로 다른 종교의 공생이거나 집단적 개종이 아니라 종교의 생성과 소멸, 흡수와 분열이 하나의 자발적 과정으로 진행되는 효율적 시장시스템의 발전에 있다. 예를 들면, 매년 지속적으로 증가하고 있는 한국 내 이슬람 인구는 파키스탄, 말레이시아, 인도네시아, 아프리카, 중동아시아와 같은 다양한 지역에서 유입된 무슬림들일 뿐 그들 모두를 관통하는 문화적 정체성을 찾기는 어렵다. 오히려 인종, 생활방식, 언어, 정치사회적 의식 등 다양한 면에서 너무 다르고 복잡해서 그들을 이슬람문화를 공유하는 하나의 문화집단으로 획일적으로 규정하는 것은 공허한 학문적 상상에 지나지 않는다. 이러한 사례는 비단 이슬람뿐만 아니라 기독교 및 불교와 같은 영역에서도 그 다양성과 복잡성은 더욱 증대되고 있다.

또한, 문화유산의 계승과 발전 및 유무형 문화재 관리나 보존과 같은 문화정책과도 종교시장정책은 본질적으로 다르다. 전통사찰이나 향교뿐만 아니라 많은 종교시설과 종교의례 및 행사가 문화재로 지정되거나 문화축제의 형식으로 국고보조를 받고 있지만, 종교시장정책적 차원에서 그러한 재화나 서비스는 하나의 상품, 더 구체적으로 말하면 파생상품 정도에 지나지 않는다. 종교문화재를 관람하고 축제에 참여하는 것과 종교시장에서 선택되고 결정되는 종교성의 문제와는 별개의 문제이기 때문이다. 종교다양성이란 종교시장의 구조적 요인으로서 시장참여자들의 개인적 종교성에 절대적 영향력을 갖는다는 점에서 종교시장정책의 핵심적 정책과제는 종교다양성의 관리에 있는 것이다.

'문화'라는 개념이 애초부터 정확히 정의될 수 없는 개념이지만, '종교'와 '문화'를 기계적으로 동일시하는 많은 정책적 시도들이 얼마나 관료적이고 비현실적인 것인지를 논하기 위해 더 많은 사례를 추가하는 것은 무의미한 일인 것 같다. 다만 한 가지 분명한 것은 종교시장시스템은 여성가족부나 보건복지부에서 애용하는 다문화정책이나 외국인정책으로 환원될 수 없는 특수한 정책범위와 목표, 수단, 동기, 집행과정 등을 포함하고 있다. 그동안 문화정책이 종교정책으로 둔갑되고 정권의 종교편향성을 정당화시키는 통치수단으로 전락하면서 종무실 폐지론을 주장하는 극단적 견해들도 최근에 꾸준히 힘을 얻고 있다(오마이뉴스, 2014.12.1.). 끝으로, 종교시장은 시대가 변하면서 더욱 더 예측하기 힘들고 복잡한 요인들로부터 영향을 주고 받는 상호 관계를 형성하고 있다. 제6장에서 논의한 것처럼 '세월호사건'이나 박근혜 정권의 탄핵을 둘러싼 '촛불혁명'과 '태극기집회'와 같은 국내정치에서부터 한·미 간 양심적 집총거부문제, 한·중 간 탈북자문제, 수쿠크채권법, 차별금지법, 학생인권조례, 다문화가족, 외국인 불법체류와 보호, 남북통일, 국제평화운동, 국제구호, 환경운동, 농민운동, 여성운동 등에 이르기까지 실로 다양한 분야에서 종교적 다양성을 구현하고 있다. 지구화 시대 종교시장의 그러한 다양성에서 한국 사회가 길을 잃고 우왕좌왕하는 정책적 실수를 거듭하지 않기 위해서는 전체 사회구성원의 이익을 위해 입안된 종교시장정책을 국가적으로 추진하고 발전시켜야 한다.

부록

부록 1 Evolutionary Adaptation of Korean Divination to Religious Markets

부록 2 2018 한국종합사회조사[2018 KGSS] 종교항목 설문지

부록 1 Evolutionary Adaptation of Korean Divination to Religious Markets[01]

A Case Study of Three Divination Communities in the Seoul Metropolitan Area

Abstract

Although divination is admittedly the oldest religious tradition constructed in human societies, there are few sociological researches on divination. This article explains different features of three divination communities in the Seoul Metropolitan Area (SMA) in contemporary Korea and then analyses their theoretical significance and implication in terms of religious market theory. Different patterns of competition that each divination community faces in a religiously pluralistic market are influenced by a religio-economic rationality and a socio-structural limitation specific to each niche market. However, a new relationship between local diviners and the municipal government is made with the construction of a "divination valley": a divination community to encourage religious competition and innovation as well as to attract more city tourists as a local cultural property. Based on the evolution of divination communities, the paper applies the notion of "elective affinity" to the relationship between religious diversity and a polytheistic rationality in the context of contemporary Korean religious market.

Keywords

Korean divination – religious market theory – chŏm – yŏksul – niche market – poly-theistic rationality – divination valley

---

01 Kwang Suk Yoo, "Evolutionary Adaptation of Korean Divination to Religious Markets," *Asian Journal of Social Science* 45(2017), 548-567.

Introduction

This article attempts to show how divination adapts itself to the Korean religious market through a case study of three divination communities developed in the Seoul Metropolitan Area (SMA) in Korea. They are separately located in *Miari*, *Apkujŏng* and the city of *Suwŏn*, each showing a very different pattern of social interaction with its surrounding environment. The third one should be considered as a more theoretically important and socially-implicated example not only because it constructs an economically successful religious niche market unexpected by both the municipal government and local diviners, but also because it provides more sociologically empirical evidence of how and why divination is still vital in contemporary Korea. While analysing comparatively the different pattern of development of the three local divination communities, the article will explain a new relationship, called "divination valley", between divination and the religious market. The cultural adaptation of divination to the contemporary religious market is closely related with an economic structure of the whole religious market, which determines the scope of religious choice on the demand side and religious competition on the supply side.

Although Korean people enjoy various kinds of divination, like physiognomy, chiromancy, necromancy, onomancy or geomancy, the whole Korean divination market has been overwhelmed by *mudang* (or shaman) and *yŏksulga* (scriptural diviner). The term "divination valley" is used to emphasise a religiously innovative aspect of the divination community in *Suwŏn* where there is strategic cooperation between shamans and non-shamans, between diviners and the municipal government, and between diviners and clients. This phenomenon serves a new model of cultural co-existence suitable for the pluralistic religious market because it is entirely different from an isolated divination village, as a collective residence of shamans or blind diviners. The term "*chŏmsul* valley" (or divination valley) was coined and expanded by Korean journalism in order to report a new pattern of collective community of modern Korean diviners. The word "valley" also reflects not simply a spacious limitation and locality, but also innovation, competition and creativity that are encouraged by geographic integration of high-tech industries, such as it Valley or Silicon Valley.

In addition, it does not necessarily mean a return of divination to "the political public sphere, above all in the political opinion and will formation of citizens themselves" (Habermas, 2006: 3). The popularity of divination in Korea reflects an aspect of economic rationality in which a religious-cultural identity is socialised and institutionalised in the way specific to the Korean civil society. This article focuses on its new aspects in re-entering into the public sphere based on an increasing religious diversity in Korea, but not an individual transformation of the past divination tradition, and further will explain why it is a historically evolutionary, but socially new, adaptation.

One of the most important factors that scientific studies of religion have not paid much attention to is the popularity of folk religions in the pluralised religious market of the East Asian area. Unlike the Western culture, folk religions, such as shamanism and various types of divination, have a heavy influence on social changes in East Asian countries like Korea, Japan and China (Kim, 2005; Lang et al., 2005; Miller, 1995; Satoru, 1990; Yoo 2012). For example, the *New York Times* (7 July 2007) reported on the surprising revival of shamanism in techno-savvy Seoul, estimating that about 300,000 shamans and 300 of their shrines exist within an hour of Seoul. The Korean Association of *Yŏksulga* (KAY), consisting of various kinds of fortune-tellers, established and held the first *International Conference of I Ching* in 1984 in Seoul. It held its 23rd conference in Taiwan in 2011, attracting about 500 participants from Asian countries familiar with the old Chinese script. The KAY also successfully hosted the *Korea Saju Fair* in 2007 and the *First Conference of World Fortunetellers* in 2008. Although there were no official statistics with regard to the number of diviners, the association argues that the number of Korean *yŏksulga* amounts to more than 300,000 (*Han'guk Gyeongje*, 2007; *Kangwŏn Domin ilbo*, 2008). The Korean *Kyungshin* Association (KKA), which represents shamans, called *mudang*, reportedly has 141,790 registered members across the nation. It is known that the economic scale of the fortune-telling market is reportedly about four billion us dollars (*Gukmin ilbo*, 2007; *Jungang ilbo*, 2010).

This phenomenal interest by domestic and international journalism indicates strongly why divination culture prosperous in Korea should be on the priority list of sociological research on Korean religions. The increasing popularity of divination can be understood better through tracking a pattern of success and failure of divination communities because research on the communities makes clear how divination suppliers actually compete with other institutionalised religions and why external conditions of the religious market are important for making and keeping a continual relationship between individual diviners and their clients. In short, it will be shown why and how this evolution of the Korean divination community is so significant in terms of religious market theory or rational choice theory, which is evaluated as a new paradigm of scientific study of religion (Warner, 1993). Conclusively, based on field research on three major divination communities located in the SMA, the article argues that the "divination valley" in *Suwŏn* shows an evolutionary adaptation from a monotheistic rationality planted by the non-Korean religious culture into a polytheistic rationality inherent in Korean religious tradition.

Previous Studies

We can classify existing studies and researches on Korean divination into three specific fields. The first is related to ethnographical surveys, which date back to the Japanese colonialist rule in Korea (Murayama, 1933; Akkiba, 1937). Since then, a group of scholars and the authorities have conducted these ethno-graphical surveys, focusing on various types of diviners and their rituals (KICH, 1983; Choi, 1992; Chang, 1995; Kim, 1990; Kim et al., 1995). However, this field of ethnography itself does not provide a cognitive frame of explaining divination theoretically. The second field is dominated by historical perspectives and methodology. Following Lee Nŭnghwa's *Chosŏn musok ko* (1927), a pioneering book of the history of Korean shamanism, many historical researches have dealt with divination as part of shamanistic ritual, or *kut* (Kim, 1981; Yoo, 1985; Kim, 1987; Cho, 1990; Lee, 2007). Their ultimate interest is not in divination itself, but in *kut*, regarded as a primary and essential function of the *mudang* (or shaman). Nonetheless, there are a few interesting findings of the relationship between divination and politics in old kingdoms (Lim, 1997), a historical origin of shamans' collective community (Lee, 2006), the historical examination of blind diviners' argot (Son, 2006), and a historical typology of Korean divination (Kim, 2008). At last, the recently increasing research tends to approach divination in terms of cultural policy, arguing why and how divination tradition should be preserved and handed down or explaining how it is related to other religious tradition in modern society (Chung, 2007, 2013; Lee, 2010; Park, 2010).

There is very little sociological research on divination, especially Korean divination (Moon, 2007; Cho and Hyun, 2001; Cho et al., 2003). Although this research examines a locally limited type, origin and trend of divination specific to Cheju Island, they do not deal with the religious potential of divination culture emerging in the public sphere. That is due to a lack of sociological methodology to explain a new relationship of divination community with a highly commercialised metropolitan environment. In spite of sociologists' disinterest in divination, however, it is also rare to find any scholars who deny the social and cultural importance of divination tradition and culture in Korean society. As James H. Grayson (2002: 230) concludes in his book, *Korea: A Religious History*, it is because the primal religions, like shamanism or folk religions, "became the substratum of all Korean religious experience and has shaped the development of all religions and philosophies which have been transmitted to Korea." Although I, as a sociologist of religion, must listen carefully to Grayson's observation of Korean religious history, his evaluation of shamanism or folk religions seems too past-oriented. The contemporary dynamics of shamanism or folk religions that have utilised divination most actively are no longer a simple product of traditional culture transmitted from the past.

We first need to explain different situations of a pluralistic religious market surrounding the *Miari*, *Apkujŏng* and *Suwŏn* divination communities. Strictly speaking, the divination community in *Miari* district in Northern Seoul is engraved with the text "*chomsŏngga-chon*" (diviners' village) on the landmark built by the concerned municipal government. The meaning of "village" is vastly different from that of "valley" because the former is a residential area, while the latter is a commercial area. According to my field research experience of the past five years, most of diviners in *Miari* district have utilised their house both for residence and commerce. The theoretical importance of this old-fashioned feature can be explained and understood more clearly when we look over the *Miari* district in terms of a newly-emerging commercial valley, instead of a residential village. Besides, the recent divination valleys show aspects too distinctive to be comprehended by the concept of a traditional village. This is why the this article sticks to the term "valley".

Methodologically, this article attempts to analyse a structure of the divination community on the perspective of religious market theory or rational choice theory, which was systematised theoretically by James Coleman and Gary Becker in the early 1980s and then was applied by Rodney Stark and William S. Bainbridge to the sociology of religion. As many theoretical insights of rational choice theory are increasingly admitted and borrowed in the scientific study of religion, Stephen R. Warner (1993: 1044) explains a few reasons why it succeeds as a new paradigm for the sociological study of religion in United States: the recognition of paradigm crisis, the development of the concept of an open market, pluralistic and adaptable religious institutions, and religious individualism. These explanations of rational choice theory, or religious market theory in the recent sociology of religion, can also offer a theoretically significant insight to various religious-economical phenomena and facts. If so, how can a few concepts of religious market theory be useful for a better under-standing of the changing and flourishing divination community in Korean civil society?

First, religious market theory makes us consider consistently within a theoretical framework how religious suppliers and demanders respond to secularised or desecularised conditions. The failure of secularisation thesis lies in the inability of explaining an increasing desecularisation of modern society, such as the rapid growth of Korean divination culture. Religious market theory, therefore, provides us with a methodological tool to analyse both successful and retreating aspects of divination communities.

Second, each individual subject participating in the religious market is regarded as a reasonable and autonomous producer or consumer who can estimate the cost and benefit caused by his/her own choice. Admitting that all suppliers and demanders seek their subjective satisfaction through selling or buying religious service in the religious market, we have to be able to understand and explain any motivations and results of their strategic choice, based on the theoretical perspective. It is easily expected that such conscious or unconscious strategy becomes more important in a religiously pluralised society. Those who follow religious beliefs and practices are not really the victims of random religiosity. Even in the divination market, each client is connected to each diviner in terms of a strategic network of religious choice. Religious market theory is quite suitable for analysing the individualistic behaviour in the divination market.

Third, comparing and analysing the three divination communities in terms of religious market theory, we can understand what aspects of divination tradition go toward a religious economy of a religiously pluralistic society. While shamanism has lost religious vitality in contemporary Japan and China, Korean shamans, or *mudang*, still remain dominative in a niche market of divination. Recently, however, the most remarkable change has been an explosive growth of *yŏksulga* in terms of the supply side of divination, and who divine by means of certain written scriptures and manuals, even though their historical origin goes back to the old Chinese philosophy of cosmology. While blind *yŏksulga* are dominant in *Miari* village (MV), both *mudang* and *yŏksulga* co-exist competitively in *Apkujung* village (AV) and *Suwŏn* valley (SV). As a rule, *Suwŏn* valley succeeds in building a competitive niche market through a new cooperation with the municipal government, even if each valley has its specific and unique features.

Finally, a new role of public power in vitalising or undermining the divination market can be suggested. The pluralism thesis of religious market theory claims that religious competition and diversity as two aspects of religious pluralism enhance the average level of religious participation and commitment (Stark et al., 1995; Finke et al., 1996; Finke, 1997: 120; Iannaccone, 1998: 1486; Stark and Finke, 2000: 201, 219; Stark, 2006a: 63). Of course, the pluralism thesis involves many issues of religious policy concerning the scope and limitation of religious freedom, the concept of religion itself and religious activity, which each civil society has to protect, define or control. In particular, divination should be at the core of debates on whether it is a religion in a legal system of Korean society because Korean bureaucrats and social elites have regarded it as superstition, at least officially. Even religious market theorists seem to consider it as magic, not part of religion (Stark and Finke, 2000:104–106; Stark, 2001a, 2001b). However, these issues of the relationship between divination and public power are too broad and diverse to fully comprehend in one article. Whatever divination may be conceptionally or legally, it has firmly occupied a portion of the Korean religious market. This article pays more attention to this social fact, itself, and further tries to explain how and why it can be in parallel with rational factors of Korean modern society by means of several conceptual tools provided by religious market theory.

Traditional Niche Markets

Herbert J. Rose, a scholar of Greek mythology and ancient religions, defines divination in an introductory article of *A Dictionary of Religion and Ethics* as follows: "by divination is meant the endeavour to obtain information about things future or otherwise removed from ordinary perception, by consulting informants other than human" (1973: 775). It goes without saying that divination is one of the oldest religious traditions wherever human society exists. "Even under the highest religions such as Christianity, Buddhism, Islam, and Judaism itself, diviners have continued to flourish, although their arts form no part of the prevailing rites and beliefs" (Rose, 1973: 775).

Historically, two different traditions were and are still dominant in the Korean divination market. One is *shinchŏm* (神占) conducted by a shaman (*mudang*), while another is *yŏksul* (曆術) based on the theory of Yin-Yang and Five Elements (陰陽五行說). Since the *Chosŏn* Dynasty was founded in 1392 BCE, shamanic rituals (*kut*) have been made illegal, degraded and persecuted as superstition, called *umsa* (淫祀) or *mishin* (迷信), whether the ruling classes were Confucian, Japanese colonialist, or Protestant. More precisely, the object of such persecution is the performance of *kut* as a religious ritual, but not *shinchŏm* by shamans. That was because *shinchŏm* was normally understood as a secondary or preliminary stage for performing *kut*. Although Korean shamanism was officially denied the status of a religion by all regimes from the *Chosŏn* Dynasty, through the Japanese colonialists, to modern military governments, shamans did and still do flourish in Korean religious market.

There were lots of historical records with regard to the residential communities of traditional shamans, even after they had been expelled out of the four main gates of old Seoul in the mid-15th Century (Lee, 2006: 240–255). The residential community consisting of shamans served their collective settlement, shamanic divination, shamanic rituals and treatments for the neighbouring residents. That is to say that there had always been a religious niche specific to shamanism in Korean history. Since the *Gabo* Reform of 1894, however, the central government forcefully began to dismantle villages specific to shamans and they eventually disappeared in the 1930s, except for the settlements of hereditary shamans (Lee, 2006: 243).

On the other hand, *yŏksulga* (a person engaged in *yŏksul*) enjoyed a relatively higher social status, contrasting with shamans who belonged to the lowest level of social hierarchy. Old Korean Dynasties hired blind *yŏksulga* as officials specialised in fortune-telling, arresting criminals or predicting weather conditions, and allowed them to establish a professional corporation, such as *myungtongsa* (明通寺) or *maengchŏng* (盲廳). Unlike shamans, they did not have to form any collective community at that time. This is because they had the legal status to move around without restriction. As a clear distinction was already made between magic and divination during the era of the Roman Empire (Satangelo, 2013: 267), Korean *yŏksul* was similarly regarded as a kind of empirical knowledge that had been accumulated throughout the history of humankind. *Yŏksul*, based on old Chinese scriptures, was and is still different from magic. This is why *yŏksulga* monopolised public divination in the past, contrasting with shamans in private divination. Thus, it is noteworthy that each tradition had contributed to its specific niche, separating shamanistic divination from non-shamanic or scriptural divinations.

Based on the different historical trajectories of the two types of Korean diviners, the concept of niche markets can be very useful for explaining how each type adapted itself to the whole religious market and its social conditions. According to rational choice theory, all religious economies include a set of relatively stable niches in that they are market segments of potential adherents sharing particular religious preferences (Stark and Finke, 2000: 195). Niche market, here, means a specialised market participated by both specific suppliers and potential or current demanders with similar preferences. If we apply the concept of the niche market to the Korean traditional divination culture, it can be argued that the niche market for shamans was thoroughly separate from that for *yŏksulga*. That is because the shifting between the two niche markets could not happen due to a legal and social restriction of the caste hierarchy. Actually, there are no historical records of religious switching between *mudang* and *yŏksulga* during the *Chosŏn* Dynasty. They were engaged respectively in a separate niche market, depending on a relatively stable demand of divination. While shamans' divination used to be utilised in the private sphere of the ruling classes, *yŏksulga* took charge of religious events in the public sphere of state and society. Finally, considering that people enjoyed various kinds of divination, such as physiognomy, chiromancy, necromancy, onomancy or geomancy, the separate niche markets of *mudang* and *yŏksulga* reflect a static structure of the divination market where there is religious diversity, but no religious competition.

Divination Markets in Religious Pluralism

Just as the Gabo Reform of 1894 abolished the social caste system, the divination market turned out competitive because the free movement of diviners from niche to niche was possible. The dynamic of niche-switching by diviners ensures that each niche is effectively supplied (Stark and Finke, 2000: 196) and, hence, contributes to a gradual growth of divination market through attracting more potential or current clients. On 7 January 1897, for example, *Doklip shinmun* reported that 0.5% of the 200,000 residents in Seoul were shamans. Considering that the ratio of all religious professionals to the whole population was 0.4% in 2005, the number of shamans in 1897 seems to well reflect the popularity of shamanism at that time. G. Bouma claims that there are two different perspectives on the social consequences of religious pluralism in the public sphere when an extent of religious pluralism rises in contemporary societies (2009: 514): One focuses on a reduction of religious authority, a decrease in social bonds and, hence, an increase of social conflict, while another tries to see an increase in social efficiency through religious competition and social integration based on a high level of religious participation. If so, how is contemporary divination related to the pluralistic Korean religious market?

A recent survey issued by Korean government reported about 622 religious groups, which consist of 365 Buddhist groups, 232 Protestant groups, one Catholic and 24 others (MCST, 2011: 24–51). It means that there is lots of theological diversity even within each religious tradition in contemporary Korea. However, this kind of survey data has a crucial defect in ignoring diverse non-official religions, which do not have any congregation, community and membership. Especially with regard to Taoism and folk religions, including divination and shamanism, the results of survey data or censuses tend to reduce the degree of religious diversity, rather reflect the actual reality as it is. For this reason, most quantitative indexes to measure religious pluralism never provide reliable information on the divination market. Like Chinese and Japanese people, a significant number of Koreans seriously believe in the various forms of divination provided by shaman, geomancers, physiognomists, and even Buddhist monks or nuns (Kim, 2005). Thus, we need to consider the structural and qualitative features of the Korean religious market for a better understanding of how divination tradition is related to the public sphere of contemporary Korean society.

The most remarkable feature is that the Korean religious market is based on a market structure of oligopoly because it has overwhelmingly been dominated by Christianity and Buddhism. About 98% of the religious population has belonged to Buddhism, Protestantism and Catholicism for the last several decades, even if the category of Christianity and Buddhism is too broad to comprehend all the groups derived from the two major religions. The three religions dominate 86% of religious broadcasting media, 92% of religious newspapers, 93% of religious magazines and 92% of post-secondary educational institutions established by religious organisations (MCST, 2011: 109–121). Numerically, Korean religious people have increased steadily for the past few decades but, structurally, the pattern of religious pluralism gets closer to an implicit cartel of the three religions, just as it was earlier. Although the degree of religious pluralism can be measured in different ways, its social consequences are ambivalent in Korea. This ambivalence cannot be explained consistently by either secularisation or religious market theory, as mentioned above. The more important thing here is that this kind of religious oligopoly has obviously had a serious influence on the development of divination valleys since the 1950s.

Miari village (MV) in northern Seoul consists of about 40 traditional and outdated multi-residences where diviners reside and work at the same time. This community was constructed by blind *yŏksulgas* since the 1960s, when modernisation and rationalisation functioned as a fundamental paradigm of social development. Unlike shamans, *yŏksulgas* had never constructed a collective community in the past because they enjoyed a relatively higher social status (Lee, 2006: 263). For the period of Korean modernisation, all traditional divinations were regarded and oppressed as simple superstition to disappear sooner or later because they seemed incompatible with the way of Western rationalisation (Allen, 1932: 231; Lee, 2003: 133–141; Kim, 2012). As Korean regimes forcefully expelled them out of downtown Seoul, a group of *yŏksulgas* first gathered voluntarily in this area. This area was well-known for being the home of wage workers, prostitutes, war refugees and new settlers from the rural areas. According to the urban rebuilding plan of the city of Seoul, the valley diminished rapidly after enjoying short-term prosperity in 1980s. A reason for its decline is the prejudice of its conservative protestant neighbours who objected extremely to a plan of municipal bureaucrats to refurbish this valley as a cultural property. Another more fundamental reason is closely related to the way diviners compete with others. The Korean Association of Blind *Yŏksulga* and *I-Ching* (大韓盲人易理學會), founded in 1971, has prevented other kinds of diviners from entering this valley and, hence, its members were not exposed to the free competition mechanism of the divination market. It seems to have functioned as a professional guild or corporatism. Within this corporatism, they have educated and trained blind recruits on a very limited basis. This limitation and closeness of the supply side necessarily reduces the dynamic and vitality of the religious economy, as religious market theorists have strongly and continuously assumed (Finke and Stark, 1988: 42, 1992; Iannaccone, 1992: 129; Hamberg and Petterson, 1994; Lang et al., 2005; Stark, 2007: 327–336).

The second village (AV) is located in *Apkujŏng* street, in the *Gangnam* district (southern Seoul), which is one of the richest areas in Korea and well-known as a centre of clothing fashion, modern art, architectural design and grand shopping malls. Although a variety of diviners gather together in this community, *yŏksulga* without physical handicaps are more prevalent here; however, the reason is very different from the first village. They seem to be sensitive to the generational, economic or social characters of clients in the area. Younger, richer and higher-class clients do not limit their religious choice to traditional types of shamanistic divination. For them, it may be that *yŏksul* looks more like a scientific method of divination because of its scriptural orientation. Besides, the intellectual image of *yŏksulga* inspired *mudang* to fit into the new cultural environment and to develop modern strategies of divination. Today, many shamans have begun to learn how to decode scriptural divination and tried to utilise scriptural interpretation actively in their divination (Kim et al., 1995: 279). So, they choose strategically to rely on indirectly accumulated knowledge, as well as direct communication with the gods. Conversely, contemporary *yŏksulgas* tend to be proud of their experience of possession to look more powerful and reliable.

In terms of religious market theory, the interaction of shamanistic and *yŏksul* divination can be interpreted as a result of diviners' free shifting between different niches, which determines a real dynamic of the divination market as a whole. The increasing shifting between niche markets also encourages them to competitively find new methods to meet the anonymity and individuality of unknown clients. For example, they became the first one-on-one consultants of fate by telephone and the Internet in Korea. While religious services on TV and radio are strictly controlled by only a few established religions, such as Buddhism, Protestantism, Roman Catholicism and Wŏn Buddhism, various resources of wireless communication technology have contributed greatly to the recent growth of divination in Korea. It is not surprising that this trend of one-on-one service was later imitated by established religions. Diviners in AV have evolved very creatively to compete with the surrounding mega churches and temples whose social networks can be an obstacle to keeping their members' anonymity and privacy. The relationship between diviners and clients is not based on a level of religious commitment, collectivity, theology or social support. Contemporary divination does not require religious loyalty because diviners have an equal status with clients within their relationship. The real power of diviners to attract clients comes from their creative marketing, but

FIGURE 1 *Different structures of divination communities*

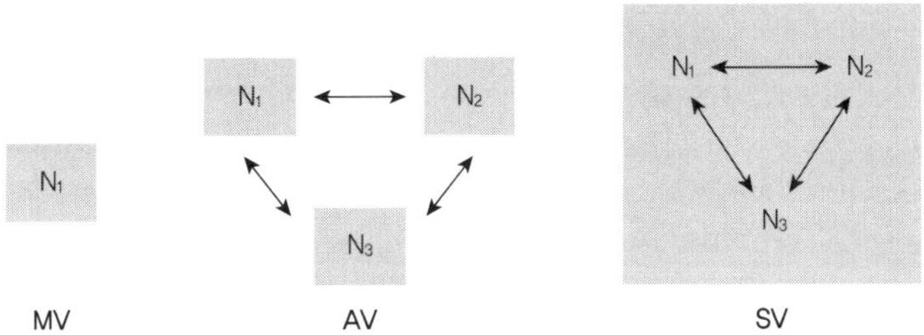

not religious membership.

The third valley (SV) suggests a new pattern in the relationship between Korean diviners and municipal governments. In contrast with Seoul, the city of *Suwŏn* constructed the biggest divination valley that consists of about 100 individual divination shrines. The municipal government and diviners made the valley a cultural tourist attraction to experience the Korean divination tradition, while the capital of Seoul had failed in both MV and AV. The local city has built brick-paved streets with colourful decorations, made the administrative process convenient and persuaded new diviners to settle down in the valley and not to make loud ritual noises, like *kut*. Whether a kind of divination should prevail or not does not matter. Every diviner faces intense and direct competition in the divination valley, as framed by the municipal government. Given that the past Korean regimes restricted the expansion of divination as a religious service legally or institutionally, SV also shows a drastic change in the bureaucrats' attitudes toward the divination culture.

For a comprehensive analysis of the comparison of the three communities explained above, we need to pay attention to different structural features of the three valleys. Figure 1 displays very clearly a theoretical significance of their structure in terms of religious market theory. An isolated niche market resulted in the rapid decline of MV, though the niche for *yŏksul* is stable. There is one niche market, N_1, where participants should expect various divination goods; that is, we are less likely to go to the fruit store selling only one kind of fruit if we can find another store handling various kinds of fruit. In the case of AV, the boundary of niche markets (N_1, N_2, N_3) is relatively segmented, but it offers different kinds of divination, such as Tarot cards (N_1), *shinchŏm* (N_2) and *yŏksul* (N_3), and so it looks like a complex of apple, pineapple and grape stores. Finally, SV can be understood as a big supermarket selling all kinds of fruit without a store boundry. The dynamic of SV derives from the flexibility of market where suppliers can move freely between niches. This diluted boundary of niche markets will undoubtedly make its participants more competitive and, hence, efficient. Another merit of the big market is the benefits made by the economy of scale.

On the other hand, MV is also the weakest regarding a competition mechanism with other religious institutions. MV consists of blind *yŏksulgas* who have rarely had a relatively higher social position in contemporary society and, furthermore, they tend to regard divination as a job for the disabled. This constraint of MV weakens the religious character of divination and, hence, it loses its function of replacing or complementing other religions. This is why the more pluralistic the religious market is, the weaker MV becomes. The contemporary divination market continues to recruit new shamans and *yŏksulgas* who come from various social, educational and religious backgrounds, ranging from congressmen to medical doctors or high-ranking government officials. However, MV is isolated from such competent human resources and its diviners still belong to the economically poor classes, even though they are free from any legal discrimination.

On the other hand, AV managed to compete with other religions through a *laissez-faire* religious market, but its future is not as promising as SV. Although the *yŏksulgas* of AV succeeded in commercialising their divination to meet the niche specific to the district, their religious identity is not remarkable enough to differentiate themselves from the surrounding mega-churches or popular temples. In contrast, SV seems to have established its own niche markets in that modern shamans never hide their religious identity, which is distinct from other religious competitors. Actually there is very few Christian churches or Buddhist temples within SV, whether due to the will of the municipal government or not.

As a result, the intervention of public power in local divination market, as SV shows, does not necessarily lead to a market failure, as the pluralism thesis imagined. This is the way that religious market theory should be revised in the local context.

Monotheistic vs. Polytheistic Rationality

Since the late 14th Century when Confucianism occupied a cultural and political hegemony in Korea, divination culture had been restricted by the social ruling classes, especially in the public sphere. Although various forms of divination was and is still practised in private or public areas, the nature of divination has never been appreciated properly. Given that there is an internal diversity of divination culture, such as shamanistic ecstasy, interpretation of the *I-Ching* or Buddhist monks' predictions, the category of divination itself is as broad as that of Protestantism. So, the power to define divination as a superstition or pseudo-science may be normative and arbitrary enough to frame the scope of religious diversity all the time (Bouma, 1999).

The governmental cultural policy based on an ideology of rationalisation and modernisation was the most serious threat to divination. During the period of modernisation, Korean regimes have made the entrance cost to the divination market very expensive through demonising, marginalising and disempowering diviners. Their cultural policy failed to recognise a kind of rationality inherent in divination tradition, which played a determinant role in shaping a Korean religious identity (Chong, 2012: 380). This is because the Western modernisation model presumes a generalisation of monotheistic rationality by which the only god is regarded as a final stage of religious evolution (Stark, 2001c, 2003, 2006b: 114–116, 208, 2007: 12). This linear type of religious evolution from polytheism to monotheism has been taken for granted and encouraged by protestant social elites in Korea. In this context, a closed niche market like MV could not develop a strong enough competitive power to survive such marginalisation or museumisation policies of divination. If so, how should the whole growth of the divination market be understood?

Divination in China and Japan, as well as in Korea, is popular (Kim, 2005; Suzuki, 1995; Yang, 2005: 131–139), though the way and tools of divination are slightly different. Of course, each country has developed different divination traditions, which is essential in understanding its religious identity. Generally speaking, the religious power of divination is not determined by a single god, it is the result of conflict and compromise among different gods. In a worldview of East Asian divination, the concept of one almighty god is nonsense because the concept of such a god violates the law of cosmological harmony. The harmony of gods is valued over the priority of gods. This is the true way and the goal of how Yin-Yang and Five Elements (陰陽五行) works in everyday life. Thus, if the worldview of divination involves a kind of rationality, it must be called a polytheistic rationality looking for the harmony of the cosmos. Further, I suggest that contemporary religious pluralism can have an "elective affinity" with the polytheistic rationality prevalent in East Asia, including Korea. The issue of religious pluralism in this area is not as controversial and noticeable as in the West because any one god could not monopolise religious authority in polytheistic traditions. A practical encounter of polytheism with pluralism in this area contrasts with theological or institutional conflicts between monotheism and pluralism in the West.

As the elective affinity of polytheism with religious pluralism in Korea is simply a hypothetical argument to be advanced in detail in other articles, I will explain it briefly. The recent growth of the Korean divination market is closely connected to a cultural inability of monotheistic rationality to overcome social and economic uncertainty, like the IMF financial crisis in 1997 (Stoffel, 2000: 342). Korean Protestantism stopped its growth and lost its monopolist status as a model of religious rationality. It was obviously the only model of religious rationality to sanction secular modernisation. Both the IMF financial crisis and globalisation of Korean society clearly revealed the limitation of monotheistic rationality with increasing identity confusion and existential uncertainty. Most diviners in divination communities confess that more than half of their clients already have a religious affiliation. The last 20 years of surveys conducted by Gallup Korea commonly reveal this trend of Korean religiosity, showing that more than 40% of respondents believe in onomancy, more than 32% believe in *koonghap* (marital harmony) based on *sajupalja* (determined destiny), and more than 50% believe in geomancy (Gallup Korea, 2004: 108–112). Especially, Korean Catholics show a relatively higher belief in divination than Protestants because Korean Catholicism has held a much more flexible attitude toward divination traditions. This difference explains partly why Korean Catholicism has experienced a rapidly increasing membership even in the contemporary pluralistic religious market.

As L.R. Iannaccone puts it in terms of the economics of religion (1995: 286–291), to maintain diversified plural membership is a strategy of religious portfolios whereby religious believers can reduce the risk of being deceived by religious firms. In the Korean context, however, multiple religiousness is easily found even in both Protestantism and Catholicism, which emphasise monotheism, and the meaning of religious membership is no longer a conceptual tool to explain exactly the Korean multiple religiousness. Whether divination clients have any belief in polytheism or not, they evidently follow a kind of rationality called "religious portfolios". The more pluralistic the Korean religious market becomes, the stronger the power of polytheistic rationality will become. This is a major driving force of the expanding divination market from the private to the public sphere, as sv proves.

Conclusion

Divination communities described in this paper show very well how niche markets are structurally isolated or connected to the surrounding environment. From separate niche markets without competition, through isolated MV, to competitive AV and SV, the evolution of the divination community is found more remarkably in the public sphere, such as in cultural policy or city planning. The relationship between the municipal government and the divination market in SV shows a new model of making an economy of scale in terms of religious market theory. Obviously, this involves a cognitive change of the divination market from a religious irrationality to a polytheistic rationality. In a sense, the history of religious diversity may be as old as the origin of human society. The meaning of diversity is a state of religious situation, but pluralism means a consistent tendency toward religious tolerance, diversity, freedom and market. It is theoretically and empirically natural that religious pluralism is not the same as polytheism. However, it is noteworthy to understand how and why the expansion of Korean divination (based on polytheism) can occur in the pluralistic religious market based on religious diversity. Divination in Korea was and is old evidence of religious diversity and, today, functions as a driving force of religious pluralism, especially in the public sphere. This article concludes that there is an elective affinity between religious pluralism and polytheistic rationality inherent in Korean divination tradition.

Of course, divination is a general tradition across the world. However, it is a very complex and lived religious heritage with the ability of interacting with the local context. The social evolution of divination communities like MV, AV and SV must be a Korean socio-religious phenomenon in that the American or European religious markets have no divination community where shamans and *yŏksulgas* reside collectively in the metropolitan area with the support of the municipal government. This is why this article focuses on the Korean context. It has continuously become stronger and more competitive so as to survive the die-hard prejudice of established religions and social elites in Korea. The future of divination in Korea is neither the declining MV, nor the flourishing SV, but rather they are just a starting point of predicting how contemporary divination will be related to religious pluralism within the local context. Who can divine the future of divination?

References

Akamatsu, Chijō and Akkiba Takashi ([1937]1991) *Chosŏn musok ŭi yeongu* [Study of Chosŏn Shamanism]. Transl. by Shim Woosŏng. Seoul: Dong Moon Sŏn.

Beyer, Peter (2003) "Defining Religion in Cross-national Perspective: Identity and Difference in Official Conceptions", in A.L. Greil and David G. Bromley (eds.) *Defining Religion: Investigating the Boundaries Between the Sacred and Secular*. Amsterdam and London: jai, Pp. 163–188.

Bouma, Gary D. (1999) *Managing Religious Diversity: From Threat to Promise*. Erskineville, Aus.: Christian Research Association.

Bouma, Gary D. (2009) "Religious Diversity", in Peter Calrke (ed.) *The Oxford Handbook of the Sociology of Religion*. New York: Oxford

University Press, Pp. 506–522.

Buswell, Robert E. (2007) *Religions of Korea in Practice*. Princeton, nj: Princeton University Press.

Cho, Hŭngyoon (2000) *Mu wa minjok munwha* [Shamanism and National Culture]. Seoul: Minjok munwhasa.

Cho, Sung-Youn and Hyun Hyekyung (2001) "*Cheju jiyeok mingan shinang kwa chŏmbok*" [Folk Religions and Divination in Cheju Area]. *Chejudo yeongu* 20 (December): 97–133.

Cho, Sung-youn, Lee Sang-Cheol and Ha Soon-Ae (2003) *Cheju jiyeok mingan shinang ŭi gujo wa byunyong* [Structure and Transformation of Folk Religions in Cheju Area]. Seoul: Baesan Sŏdang.

Choi, Kilsŏng (1992) *Han'guk musokji* [Ethnography of Korean Shamanism Vol. I]. Seoul: Asea munwha sa.

Chong, Sang-woo (2012) "*Han'guk ŭi jongkyo bupjedo wa jungchaik ŭi hoireum kwa jangchom*" [The Trends and Issues of Korean Legal Systems and Policies with regard to Religion]. *Buphak yeongu* 20(3): 369–395.

Chung, Soojin (2007) "*Kŭndae kukmin kukga wa munwhajae ŭi changchul*" [Modern Nation State and Creation of Cultural Property]. *Han'guk minsokhak* 46: 343–373.

Chung, Soojin (2013) "Muhyung munwhajae esŏ muhyung munwha yusan ŭro-gŭlrobŏl shidae ŭi munwha pyosang" [From Intangible Cultural Property to Intangible Cultural Heritage: Cultural Status in Global Era]. *Dong Asia munwha yeongu* 53: 91–116.

Clark, C. Allen (1932) *Religions of Old Korea*. New York: Fleming H. Revell Company.

Finke, Roger (1997) "The Illusion of Shifting Demand: Supply-Side Interpretations of American Religious History", in Thomas A. Tweed (ed.) *Retelling U.S. Religious History*. Berkeley, la, London: University of California Press, Pp. 108–124.

Finke, Roger and Rodney Stark (1988) "Religious Economies and Sacred Canopies: Religious Mobilization in American Cities, 1906". *American Sociological Review* 53(1): 41–49.

Finke, Roger and Rodney Stark (1992) *The Churching of America, 1776–1990: Winners and Losers in Our Religious Economy*. New Brunswick, NJ: Rutgers University Press.

Finke, Roger, A.M. Guest and Rodney Stark (1996) "Mobilizing Local Religious Markets: Religious Pluralism in the Empire State, 1855 to 1865". *American Sociological Review* 61(2): 203–218.

Gallup Korea (2004) *Han'gukin ŭi jongkyo wa jongkyo ŭishik* [Religion and Religiousness of Korean People]. Seoul: Gallup Korea.

Grayson, James Huntley (2002) *Korea: A Religious History*. New York: RoutledgeCurzon.

Habermas, Jurgen (2006) "Religion in the public sphere". *European Journal of Philosophy* 14(1): 1–25.

Iannaccone, L.R. (1992) "Religious markets and the Economics of Religion". *Social Compass* 39: 123.

Iannaccone, L.R. (1995) "Risk, Rationality, and Religious Portfolios". *Economic Inquiry* 33 (April): 285–295.

Iannaccone, L.R. (1998) "Introduction to the Economics of Religion". *Journal of Economic Literature* 34 (September): 1465–1496.

Jang, Jangshik (1995) "Chŏbok shinang ŭi kwanhaeng kwa gŭ yeonghyang" [Practices and Influences of Divination Faith]. *Bikyo minsokhak* 12: 361–393.

Kim, Andrew Eungi (2005) "Nonofficial Religion in South Korea: Prevalence of Fortunetelling and other Forms of Divination". *Review of Religious Research* 46(3): 284– 302.

Kim, Dongkyu (2012) "Han'guk ŭi mishindamron lihai" [An Understanding of Discourses on Superstition in Korea: Inventing Musok as an Alterity]. *Han'guk munhwa yeongu* 23: 283–322.

Kim, Mantae (2008) "Han'guk chŏmbok ŭi jŏngŭi wa yuhyung kochal" [Consideration of Meaning and Typology of Korean Divination]. *Han'guk minsokhak* 47: 203–233.

Kim, Taekon (1981) *Han'guk ŭi musok* [Korean Shamanism]. Seoul: Jip mun dang.

Kim, Taekon (1990) "Mingan shinang" [Folk Religions], in The City of

Seoul (ed.) *Seoul yukbaenyun sa* [A Six-hundred History of Seoul]. Seoul: the Publishing Board of History of the Metropolitan Seoul.

Kim, Taekon, Choi W.S., Kim M.J., Kim C.J., Sang K.S., Jang J.S., Ju K.H. and Hong T.H. (1995) *Han'guk ŭi chŏmbok* [Korean Divination]. Seoul: *Minsok wŏn*.

Korean Institute of Cultural Heritage (KICH) (1983) *Han'guk minsok jonghap chosa bogosŏ: muŭishik* [General Examination Report of Korean Folk Culture: Shamanistic Ritual]. Seoul: Cultural Heritage Administration of Korea.

Lang, Graeme, Selina Ching Chan and Lars Ragvald (2005) "Temples and the Religious Economy". *Interdisciplinary Journal of Research on Religion* (Article 4). Available at: http://www.religjournal.com.

Lee, Eŭnsŏn (2010) "*Chŏngbu ŭi minjok jongkyo mit minsok munwha chŏngchaek hyunwhang kwa kidokkyogye ŭi daeŭng*" [Current Situation of Governmental Indigenous Religion and Folk Cultural Policy and the Reaction of Christianity]. *Sŏnggyol kyohoi wa shinhak* 24 (Autumn): 122–152.

Lee, Hyunsook (2007) "*Baekje shidae chŏmbok kwa chŏngchi*" [Divination and Politics in *Baekje* Age]. *Yeoksa minsokhak* 25: 7–43.

Lee, Kitae (2006) "*Chŏmbokchon ŭi yeoksajŏk shiltae yeongu*" [Study of Historical Changes of Divination Community]. *Han'guk musokhak* 13: 233–271.

Lee, Nŭnghwa ([1927] 1976) *Chosŏn musok ko* [Consideration of Korean Shamanism]. Transl. by Lee Jaekon. Seoul: *Baerok* Publication.

Lee, Yongbŏm (2003) "Kunhyundai Han'guk musok ŭi yeoksachŏk byunhwa" [A Con-sideration on the Historical Changes of Korean Shamanism in the modern Age]. *Jongkyo yeongu* (Spring): 101–154.

Miller, Alan S. (1995) "A Rational Choice Model of Religious Behavior in Japan". *Journal for the Scientific Study of Religion* 34(2): 234–244.

Ministry of Culture, Sports and Tourism in Korea (MCST) (2011) *Han'guk ŭi chongkyo hyunhwang* [Index of Korean Religions]. Seoul: MCST.

Moon, Changwoo (2007) "Cheju chŏnjukyoin dŭl ŭi chŏmbok e daehan yeongu: Legio Mariae danwŏn ŭl chungshim ŭro" [Study of Catholics'

Divination in Cheju Island: Focusing on Legio Mariae Members]. *Chongkyo hakbo* 4: 125–172.

Murayama, Chijun ([1933] 2005). *Chosŏn ŭi chŏmbok kwa yeŏn* [Divination and Proph-esy in *Chosŏn*]. Transl. by Kim Heekyung. Seoul: Dong mun sŏn.

Park, Myungsoo (2010) "Chŏngbu ŭi chŏntong jongkyo munwha chŏngchaek hyunhwang kwa kidokkyo ŭi daeŭng bangahn" [Current Situation of Governmental Policy of Traditional Religion and Culture and the Reaction Strategy of Christianity]. *Sŏnggyol kyohoi wa shinhak* 24 (Autumn): 82–121.

Rose, H.J. (1973) "Divination", in A *Dictionary of Religion and Ethics*. Detroit: Gale Research Co., Pp. 775–780.

Satoru, Kaneko (1990) "Dimensions of Religiosity among Believers in Japanese Folk Religion". *Journal for the Scientific Study of Religion* 29(1): 1–19.

Santangelo, Federico (2013) *Divination, Prediction and The End of The Roman Republic*. New York: Cambridge University Press.

Son, Taedo (2006) "Seoul jiyeok maengin dokkyung ŭi yeoksa wa gŭ tŭkjing" [History and Feature of Blind Diviners in Seoul District]. *Yeoksa minsokhak* 22: 333–398.

Stark, Rodney (2001a) "Gods, Rituals, and the Moral Order". *Journal for the Scientific Study of Religion* 41(4): 619–636.

Stark, Rodney (2001b) "Reconceptualizing Religion, Magic, and Science". *Review of Religious Research* 43(2): 101–120.

Stark, Rodney (2001c) *One True God: Historical Consequences of Monotheism*. Princeton: Princeton University Press.

Stark, Rodney (2003) *For The Glory of God: How Monotheism Led to Reformations, Science, Witch-Hunts, and the End of Slavery*. Princeton: Princeton University Press.

Stark, Rodney (2006a) "Economics of Religion", in Robert A. Segal (ed.) *The Blackwell Companion to the Study of Religion*. Malden, MA: Blackwell Pub., Pp. 47–67.

Stark, Rodney (2006b) *Cities of God: The Real Story of How Christianity*

Became an Urban Movement and Conquered Rome. New York: HarperCollins.

Stark, Rodney (2007) *Discovering God: The Origins of Great Religions and the Evolution of Belief*. New York: HarperOne.

Stark, Rodney and Roger Finke (2000) *Acts of Faith: Explaining the Human Side of Religion*. Berkeley, Los Angeles, and London: University of California Press.

Stark, Rodney, Roger Finke and L.R. Iannaccone (1995) "Pluralism and Piety: England and Wales, 1851". *Journal for the Scientific Study of Religion* 34(4): 431–444.

Stoffel, Berno (2000) "Anomie and Korean Shamanism—An analysis of the economic crisis of 1997 and its consequences on Korean Shamanism". *Shamanism yeongu* 3: 297–344.

Suzuki, Kentaro (1995) "Divination in Contemporary Japan: A General Overview and an Analysis of Survey Results". *Japanese Journal of Religious Studies* 22(3–4): 249–266.

Yang, Der-Ruey (2005) "The Changing Economy of Temple Daoism in Shanghai", in Fenggang Yang and Joseph B. Tamney (eds.) *State, Market, and Religions in Chinese Societies*. Leiden: Brill, Pp. 113–148.

Yoo, Dongshik (1985) *Han'guk musok ŭi yeoksa wa gucho* [History and Structure of Korean Shamanism]. Seoul: Yeonsei University Press.

Yoo, Kwangsuk (2012) "Applicability of Religious Economy Model (REM) to the Growth of Fortunetelling in Contemporary Korea". Ph.D. Dissertation, University of Ottawa, Canada.

Newspaper articles

Choe, Sang-Hun (2007) "Shamanism Enjoys Revival in Techno-Savvy South Korea". *The New York Times*, July 7.

Kim, Sooun and Yongsuk Ju (2007) "ibun en geumbaeji dalkayo?" [Can I become a member of National Assembly this time?]. *Han'guk Gyeongjeo*, December 8.

Kim, Changwoo (2010) "kuknae yeoksulin 50 manmyeong, sijangkyumo choidae 4 chowon chujung" [500,000 of Korean diviners and 4 trillion

won of divination market scale] *Jungang ilbo*, February 20.
Hong, Sungbae (2008) "chŏmsul e ŭijihaneun kutseun nappeunka?" [Is it bad to rely on divination?]. *Kangwŏn Domin ilbo*, May 23.
Nonseol [Editorial] (2007) "sajubakramhoi heoga jeukshi chuisohara!" [Cancel the Authorization of holding Divination Exhibition right now!]. *Kukmin ilbo*, January 10.
Nonseol [Editorial] (1897) *Doklip shinmun*, January 7.

부록 2 2018 한국종합사회조사[2018 KGSS] 종교항목 설문지[02]

24 귀하는 얼마나 자주 불공 또는 예배(미사) 드리러 가십니까?

일주일에 여러 번	85
일주일에 한 번	139
한 달에 두세 번	33
한 달에 한 번	47
일 년에 몇 번	130
일 년에 한 번	47
일 년에 한 번 미만	41
전혀 가지 않는다	487
모름/무응답	22

25 귀하는 어떤 종교를 가지고 계십니까?

불교	개신교	천주교	종교 없음	유교	기타	모름/무응답
222	206	110	480	1	9	3

1) (종교를 가지고 있다면) 귀하께서는 스스로 믿음이 강하다고 보십니까, 아니면 강하지 않다고 보십니까?

---

02 김지범 · 강정한 · 김석호 · 김창환 · 박원호 · 이윤석 · 최성수 · 최슬기 · 김솔이. 2019. 『한국종합사회조사 2003-2018』. 서울: 성균관대학교 출판부. 본 저서의 부록에서는 종교성 척도에 대한 예시로서 설문 내용과 문항별 응답자 수만을 표시하였다. 자세한 변인분석과 설명은 위 문헌을 참조할 것.

① 강하다	② 다소 강하다	③ 별로 강하지 않다	모르겠다
115	173	254	6

2) (종교를 가지고 있다면) 일상생활 속에서 귀하께서 옳다고 생각하는 것과 종교의 가르침이 상충되는 일이 발생한다면 귀하는 어떻게 행동하시겠습니까?

내가 옳다고 생각하는 것 ← → 종교의 가르침

① ② ③ ④ ⑤ ⑥ ⑦ (8) 선택할 수 없음

①	②	③	④	⑤	⑥	⑦	모름/ 무응답
105	70	82	84	67	54	71	15

72 귀하는 종교 지도자들은 선거에서 사람들의 투표에 영향을 미치려 해서는 안 된다는 의견에 대해서 어느 정도 동의 또는 반대하는지 말씀해 주십시오.

① 매우 동의	② 약간 동의	③ 동의도 반대도 아님	④ 약간 반대	⑤ 매우 반대	모름/ 무응답
401	220	199	86	119	6

73 다음의 각 의견에 대해서 어느 정도 동의 또는 반대하는지 말씀해 주십시오.

세부문항	① 매우 동의	② 약간 동의	③ 동의도 반대도 아님	④ 약간 반대	⑤ 매우 반대	모름/무응답
1) 사람들은 과학은 지나치게 신뢰하지만, 종교는 충분히 신뢰하지 않는다	123	375	313	167	47	6
2) 세계적으로 볼 때, 종교는 평화보다는 갈등을 더 유발한다	144	327	265	212	76	7
3) 종교적 신념이 매우 강한 사람들은 다른 사람들에 대해 대체로 매우 비관용적(배타적)이다	199	352	247	154	68	11

74 귀하는 한국의 교회, 성당, 절 등의 종교조직과 기타 종교단체가 너무 많은 권력을 가지고 있다고 생각하십니까, 아니면 권력이 너무 적다고 생각하십니까?

① 너무 권력이 많다	② 다소 권력이 많다	③ 적당한 권력을 가지고 있다	④ 다소 권력이 적다	⑤ 너무 권력이 적다	모름/무응답
269	390	265	53	18	36

75 사람들의 종교는 다양합니다. 귀하는 다른 종교를 가지고 있는 사람이 귀하의 친척(가족 포함)과 결혼하는 것을 어느 정도 허용하시겠습니까?

① 당연히 허용하겠다	② 아마도 허용하겠다	③ 아마도 허용하지 않겠다	④ 당연히 허용하지 않겠다	모름/무응답
438	446	80	51	16

76 자신의 종교만이 유일한 진리이며 다른 종교들은 적대시하는 종교적 극단주의자들이 있습니다. 그런 사람들이 다음과 같은 일을 하는 것이 어느 정도 허용되어야 한다고 생각하십니까?

세부문항	① 당연히 허용되어야 한다	② 아마도 허용되어야 한다	③ 아마도 허용되지 말아야 한다	④ 당연히 허용되지 말아야 한다	모름/무응답
1) 자신들의 견해를 표현하기 위한 공개집회를 개최하는 일	90	297	338	284	22
2) 자신의 견해를 인터넷이나 사회관계망서비스(SNS)에 게시하는 일	112	343	285	257	34

77 다음 중 어떤 말이 신에 대한 귀하의 생각에 가장 가까운지 말씀해 주십시오.

① 나는 신의 존재를 믿지 않는다	② 나는 신이 있는지 없는지 모르며, 신의 존재를 알 수 있는 어떠한 방법도 없다고 생각한다	③ 나는 신의 존재를 믿지 않지만, 어떤 초월적인 힘이 존재한다고는 생각한다	④ 나는 신의 존재를 믿을 때도 있고 안 믿을 때도 있다	⑤ 나는 의구심이 없진 않지만, 신의 존재를 믿는다고 생각한다	⑥ 나는 신이 실제로 존재한다는 것을 알고 있으며, 그것에 대해 조금도 의심치 않는다	모름/무응답
223	142	177	154	162	160	13

78 다음 중 신에 대한 귀하의 믿음을 가장 잘 표현한 것은 무엇입니까?

① 나는 항상 신을 믿지 않았다	② 나는 과거에는 신을 믿었으나, 현재는 믿지 않는다	③ 나는 과거에는 신을 믿지 않았으나, 현재는 믿고 있다	④ 나는 항상 신을 믿어 왔다	모름/무응답
401	170	166	240	54

79 귀하는 다음의 각각을 어느 정도 믿으십니까?

세부문항	① 확실히 믿는다	② 대체로 믿는다	③ 대체로 믿지 않는다	④ 전혀 믿지 않는다	모름/무응답
1) 사후세계	147	289	325	253	17
2) 천당(극락)	168	244	313	292	14
3) 지옥	157	242	312	305	15
4) 종교적인 기적	128	216	344	329	14
5) 초자연적인 힘	66	241	368	344	12

80 귀하는 다음의 각 의견에 대해서 어느 정도 동의 또는 반대하는지 말씀해 주십시오.

세부문항	① 매우 동의	② 약간 동의	③ 동의도 반대도 아님	④ 약간 반대	⑤ 매우 반대	모름/무응답
1) 모든 사람 개개인에게 관심을 가지는 신이 존재한다	120	231	284	176	211	9
2) 인간이 자신의 인생을 바꾸기 위해 할 수 있는 일은 거의 없다	69	99	142	341	375	5
3) 나에겐, 오직 신이 존재하기 때문에 삶이 의미가 있다	77	95	152	226	474	7
4) 내 생각에, 인생에는 목적이 없다	47	67	120	277	514	6
5) 인생은 자기 스스로 의미를 부여할 때 비로소 의미가 있다	434	390	129	47	18	13
6) 나는 종교조직이나 종교의식을 통하지 않고 신과 연결되는 나만의 방법이 있다	41	67	170	183	551	19

81 귀하가 생각하시기에, 귀하의 종교는 남성과 여성을 동등하게 대우, 남성을 여성보다 좋게 대우, 여성을 남성보다 좋게 대우하는 것 중 어느 것에 해당된다고 생각하십니까?

① 종교 없음	② 남성과 여성을 동등하게 대우	③ 남성을 여성보다 좋게 대우	④ 여성을 남성보다 좋게 대우	모름/무응답
465	427	75	8	56

82 귀하가 어렸을 때 어머니의 종교는 무엇이었습니까?

① 개신교	② 천주교	③ 불교	④ 유대교	⑤ 기타	모름/무응답
145	80	431	1	9	38

(종교를 가지고 있었다면)

1) 그 교파 혹은 종파는 무엇인지 말씀해 주십시오. 만약 모르신다면 어머니가 다니셨던 절, 교회, 사원 등의 이름을 말씀해 주십시오.
교파(종파) :

천주교(혹은 가톨릭)	79
그리스 가톨릭	1
개신교	47
침례교	3
감리교	19
순복음	5
성결교	2
장로교	65
제7안식교	1
기타 기독교	1

한국: 기독교 장로회	2
유대교	1
불교	270
조계종	130
천태종	13
태고종	7
법화종	1
대승종	1
원불교	6
국제창가학회	1
유교	4
무속/민속/토속	5
기타 종교	1
모름/무응답	1

83 귀하가 어렸을 때 아버지의 종교는 무엇이었습니까?

① 개신교	② 천주교	③ 불교	④ 유대교	⑤ 기타	모름/ 무응답
79	51	258	2	9	51

(종교를 가지고 있었다면)

1) 그 교파 혹은 종파는 무엇인지 말씀해 주십시오. 만약 모르신다면 아버지가 다니셨던 절, 교회, 사원 등의 이름을 말씀해 주십시오.

교파(종파) :

천주교(혹은 가톨릭)	50
그리스 가톨릭	1
개신교	30

침례교	2
감리교	10
순복음	3
성결교	1
장로교	28
제7안식교	2
기타 기독교	1
한국: 기독교 장로회	2
유대교	2
불교	164
조계종	75
천태종	7
태고종	4
대승종	1
원불교	5
국제창가학회	1
유교	7
무속/민속/토속	2
기타 종교	1

84 혹시 귀하가 종교적 분위기 속에서 자랐다면, 그것은 어떤 종교였습니까?

① 개신교	② 천주교	③ 불교	④ 유대교	⑤ 기타	모름/ 무응답
146	71	352	5	16	49

(종교적 분위기 속에서 자랐다면)

1) 그 교파 혹은 종파는 무엇인지 말씀해 주십시오. 만약 모르신다면 다

니셨던 절, 교회, 사원 등의 이름을 말씀해 주십시오.
교파(종파) :

천주교(혹은 가톨릭)	69
그리스 가톨릭	1
개신교	46
침례교	5
감리교	18
순복음	3
성결교	3
장로교	66
제7안식교	1
한국: 예수교 장로회(통합)	1
한국: 기독교 장로회	2
유대교	5
불교	223
조계종	102
천태종	10
태고종	7
법화종	1
대승종	1
관음종	1
원불교	4
국제창가학회	1
기타 불교 종단	1
유교	7
무속/민속/토속	3
모름/무응답	7

85 귀하가 어렸을 때 귀하의 어머니께서는 얼마나 자주 종교의식(예배, 미사, 불공 등)에 참여 하셨습니까?

① 전혀 참여하지 않음	327
② 일 년에 한 번도 가지 않음(일 년에 한 번 미만)	34
③ 일 년에 한 번	71
④ 일 년에 몇 번	238
⑤ 한 달에 한 번	64
⑥ 한 달에 두세 번	45
⑦ 거의 일주일에 한 번	41
⑧ 일주일에 한 번	78
⑨ 일주일에 여러 번	78
⑩ 어머니가 없었음 (비해당)	8
모름/무응답	47

86 귀하가 어렸을 때 귀하의 아버지께서는 얼마나 자주 종교의식(예배, 미사, 불공 등)에 참여하셨습니까?

① 전혀 참여하지 않음	589
② 일 년에 한 번도 가지 않음(일 년에 한 번 미만)	52
③ 일 년에 한 번	51
④ 일 년에 몇 번	117
⑤ 한 달에 한 번	21
⑥ 한 달에 두세 번	25
⑦ 거의 일주일에 한 번	19
⑧ 일주일에 한 번	57
⑨ 일주일에 여러 번	28
⑩ 어머니가 없었음 (비해당)	14
모름/무응답	58

87 귀하가 11살 또는 12살 쯤 되었을 때 귀하는 얼마나 자주 종교의식에 참여하셨습니까?

① 전혀 참여하지 않음	519
② 일 년에 한 번도 가지 않음(일 년에 한 번 미만)	45
③ 일 년에 한 번	72
④ 일 년에 몇 번	122
⑤ 한 달에 한 번	20
⑥ 한 달에 두세 번	26
⑦ 거의 일주일에 한 번	50
⑧ 일주일에 한 번	113
⑨ 일주일에 여러 번	38
모름/무응답	26

88 귀하는 얼마나 자주 기도하십니까?

① 전혀 참여하지 않음	515
② 일 년에 한 번도 가지 않음(일 년에 한 번 미만)	30
③ 일 년에 한 번	34
④ 일 년에 몇 번	114
⑤ 한 달에 한 번	27
⑥ 한 달에 두세 번	21
⑦ 거의 일주일에 한 번	31
⑧ 일주일에 한 번	58
⑨ 일주일에 여러 번	190
모름/무응답	11

89 귀하는 현재 종교의식(예배나 법회 등)에 참석하는 것 외에 교회, 성당, 절 등에서 하는 모임이나 활동에 얼마나 자주 참여하십니까?

① 전혀 참여하지 않음	237
② 일 년에 한 번도 가지 않음(일 년에 한 번 미만)	25
③ 일 년에 한 번	21
④ 일 년에 몇 번	83
⑤ 한 달에 한 번	24
⑥ 한 달에 두세 번	23
⑦ 거의 일주일에 한 번	11
⑧ 일주일에 한 번	65
⑨ 일주일에 여러 번	53
⑩ 종교 없음 (비해당)	480
모름/무응답	9

90 귀하는 지난 12개월 중에 성경, 불경, 코란, 스루티, 토라, 또는 다른 종교의 경전을 들으시거나 읽으신 적이 있습니까? 종교행사 중에 읽거나 청취한 경우는 제외해 주십시오.

① 예	② 아니오	모름/무응답
282	739	10

91 귀하는 종교적인 이유로 집에 제단, 사당, 불상, 예수상, 부적, 또는 십자가 같은 성물을 모셔놓고 계십니까?

① 예	② 아니오	모름/무응답
243	786	2

92 귀하는 종교적인 이유로 얼마나 자주 교회, 성당, 절, 사당이나 사원 등 신성한 곳을 방문하십니까? 귀하가 만약 종교를 갖고 있다면 종교의식(예배나 법회 등)을 위해 정기적으로 참석하는 곳은 포함하지 마십시오.

① 전혀 없음	② 일 년에 한 번 미만	③ 일 년에 한두 번	④ 일 년에 몇 번	⑤ 한 달에 한 번 또는 그 이상	모름/무응답
596	95	110	111	118	1

93 귀하는 자신이 얼마나 종교적이라고 생각하십니까?

① 지극히 종교적이다	② 매우 종교적이다	③ 약간 종교적이다	④ 종교적이지도 비종교적이지도 않다	⑤ 약간 비종교적이다	⑥ 매우 비종교적이다	⑦ 지극히 비종교적이다	모름/무응답
67	77	238	191	86	121	243	8

94 다음 중 어떤 말이 귀하와 가장 가깝습니까?

① (종교가 있는 경우) 나는 종교가 있고, 나 자신을 신성한 것이나 초자연적인 것에 관심이 있는 영적인 사람이라고 생각한다	② (종교가 있는 경우) 나는 종교가 있지만, 나 자신을 신성한 것이나 초자연적인 것에 관심이 있는 영적인 사람이라고는 생각하지 않는다	③ (종교가 없는 경우) 나는 종교가 없지만, 나 자신을 신성한 것이나 초자연적인 것에 관심이 있는 영적인 사람이라고 생각한다	④ (종교가 없는 경우) 나는 종교가 없고, 나 자신을 신성한 것이나 초자연적인 것에 관심있는 영적인 사람이라고도 생각하지 않는다	모름/무응답
152	390	82	388	19

95 귀하는 보통 종교는 남녀평등을 가로막는 장애가 된다는 주장에 어느 정도 찬성 또는 반대하십니까?

① 매우 찬성	② 찬성	③ 찬성도 반대도 아님	④ 반대	⑤ 매우 반대	모름/무응답
35	99	436	272	165	24

96 귀하는 다음의 각 의견에 대해서 얼마나 동의 또는 반대하는지 말씀해 주십시오.

종교생활을 하는 것은…

	① 매우 동의	② 약간 동의	③ 동의도 반대도 아님	④ 약간 반대	⑤ 매우 반대	모름/무응답
1) 친구를 사귀는 데 도움이 된다	174	508	215	67	53	14
2) 어렵거나 슬플 때 위안을 얻는 데 도움이 된다	311	521	123	35	27	14

97 다음의 각 의견에 어느 정도 찬성 또는 반대하시는지 말씀해 주십시오.

	① 매우 찬성	② 찬성	③ 찬성도 반대도 아님	④ 반대	⑤ 매우 반대	모름/무응답
1) 정부는 어떠한 종교라도 자기 종교적 신앙을 전파하려는 시도들에 간섭해서는 안 된다	237	315	257	164	49	9

2) 일반적으로, 서로 다른 종교를 갖고 있는 사람들이 가까운 곳에 살고 있는 경우 서로 잘 지낼 수 없다	50	132	305	368	165	11

98 귀하는 각각의 주장에 얼마나 찬성 또는 반대 하십니까?

세부문항	① 매우 찬성	② 찬성	③ 찬성도 반대도 아님	④ 반대	⑤ 매우 반대	모름/ 무응답
1) 한국에서 종교는 미래가 아니라 과거를 대변한다	43	212	490	179	60	47
2) 오늘날 한국에서의 종교는 과거에 그랬던 것처럼 여전히 삶과 관련되어 있다	113	461	340	73	21	23

99 귀하는 다음의 각 의견에 대해서 얼마나 동의 또는 반대하는지 말씀해 주십시오.

	① 매우 동의	② 동의	③ 동의도 반대도 아님	④ 반대	⑤ 매우 반대	모름/ 무응답
1) 점쟁이들은 정말로 미래를 예측할 수 있다	16	103	302	276	329	5

2) 사주가 그 사람의 인생(미래)에 영향을 미친다	35	203	308	245	233	7

100 다음 종교집단에 대한 귀하의 의견은 어떻습니까?

	① 매우 긍정적	② 약간 긍정적	③ 긍정도 부정도 아님	④ 약간 부정적	⑤ 매우 부정적	모름/무응답
개신교	108	171	387	214	133	18
천주교	117	335	426	92	45	16
불교	111	374	415	76	43	12
원불교	38	152	581	139	77	44
천도교	12	89	604	159	105	62
이슬람교	11	41	458	235	231	55
힌두교	9	44	532	202	180	64
유대교	11	68	556	197	135	64
무신론자	106	171	624	57	41	32

101 귀하는 죽은 사람들의 영(soul)이 후손들에게 영향을 미친다고 생각합니까?

① 매우 그렇다	② 그렇다	③ 보통이다	④ 그렇지 않다	⑤ 매우 그렇지 않다	모름/무응답
39	135	245	390	187	35

102 귀하는 배우자 선택 시 종교를 얼마나 중요하게 고려합니까? (기혼자의 경우) 고려했습니까?

① 매우 중요하다	② 중요 하다	③ 보통 이다	④ 중요 하지 않다	⑤ 매우 중요하지 않다	모름/ 무응답
83	123	234	384	190	17

103. 귀하(또는 가족)는 어떤 종교의 장례예식을 따르고 있습니까?

① 불교	② 개신교	③ 천주교	④ 유교	⑤ 민간 신앙	⑦ 관심 없다	모름/ 무응답
245	186	92	220	13	239	36

104 귀하는 요가 또는 식이요법의 배경에 어떤 종교적(영적) 요소가 영향을 미친다고 생각합니까?

① 매우 그렇다	② 그렇다	③ 보통 이다	④ 그렇지 않다	⑤ 매우 그렇지 않다	모름/ 무응답
27	111	238	386	181	88

105 귀하는 덕을 쌓으면 자손들이 복을 받을 것이라고 생각합니까?

① 매우 그렇다	② 그렇다	③ 보통 이다	④ 그렇지 않다	⑤ 매우 그렇지 않다	모름/ 무응답
222	342	231	156	64	16

106 귀하는 위급하거나 중대한 상황에서 기도 또는 기원을 해 본 적이 있습니까?

① 항상 그렇다	② 그렇다	③ 보통	④ 그렇지 않다	⑤ 전혀 그렇지 않다	모름/무응답
161	379	161	182	138	10

107 귀하는 "종교가 있다"고 할 때 가장 우선적으로 드는 생각은 무엇입니까?

① "종교가 있다"는 것은 종교에서 강조하는 교리나 가르침에 대한 지식이 있는 것이다	② "종교가 있다"는 것은 신이나 영혼, 귀신의 존재를 믿는 것을 의미한다	③ "종교가 있다"는 것은 종교 가르침이나 교리를 실천하는 것을 의미한다	④ "종교가 있다"는 것은 정기적으로나 비정기적으로 참여하는 종교 행사가 있다는 뜻이다	⑤ "종교가 있다"는 것은 선호하는 종교가 있다는 것이다	모름/무응답
149	154	342	122	232	32

:: 참고문헌

강승식. 2005. "미국헌법상 종교의 자유." 『미국사연구』 22: 223-257.

강인철. 2003. 『전쟁과 종교』. 오산: 한신대학교출판부.

_____. 2006. "한국사회와 종교권력: 비교역사학적 접근." 『역사비평』 77: 118-149.

_____. 2007. "박정희 정권과 개신교 교회." 『종교문화연구』 9: 83-118.

_____. 2008. 『종교권력과 한국천주교회』. 오산: 한신대학교출판부.

강준만. 2017. "왜 촛불집회 참가자들은 시민단체에 가입하지 않을까?: 정치적 소비주의 외." 『인물과 사상』 233: 38-79.

고병철. 2011. "한국종교정책의 진단과 과제: 문화체육관광부의 종무실을 중심으로." 『종교연구』 65: 1-34.

고영섭. 1999. "생태철학: 불교의 생태관: 연기와 자비의 생태학." 『인문학연구』 6: 167-207.

공진성. 2013. "루소, 스피노자, 그리고 시민종교의 문제." 『정치사상연구』 19(1): 109-142.

구도완. 2012. "생태와 녹색평화-사상, 문학, 운동 ; 생태민주주의 관점에서 본 한국 반핵운동." 『통일과 평화』 4(2): 57-86.

권규식. 1990. "T. Parsons의 종교론." 『사회과학연구』 6: 27-43.

권진관. 2005. "1970년대 산업선교지도자들의 입장과 활동의 특징들에 대한 연구." 『1960-70년대 노동자의 생활세계와 정체성』. 서울: 한울. pp.191-213.

김도훈. 2009. 『생태신학과 생태영성』. 서울: 장로회신학대학교출판부.

김동춘. 1996. "사상의 전개를 통해 본 한국의 근대 모습." 『한국의 근대와 근대성비판』. 서울: 역사비평사.

김동환. 2014. “종교인구의 다이내믹스에 관한 시론적 모델.”『한국시스템다이내믹스 연구』 15(3): 37-59.

김두식. 2002. “양심적 병역거부와 기독교.”『인권과 정의』 309: 140-153.

김병서. 1995.『한국사회와 개신교: 종교사회학적 접근』. 서울: 한울아카데미.

김상욱 외. 2009.『한국종합사회조사2008』. 성균관대학교출판부.

김상준. 2013. “유교 윤리성과 비판성: 21세기 문명 재편의 한 축.”『사회사상과 문화』 28: 49-79.

김선미. 2007. “시민운동 위기 담론과 발전 방안: 시민사회 지형변화와 관련하여.”『담론201』 10(3): 143-173.

김선택. 2002.『한국 내 양심적 병역거부자에 대한 대체복무 인정여부에 관한 이론적 · 실증적 연구』. 국가인권위원회.

김성건. 2006. “세계화와 영적 혁명: 한국 개신교 내의 새로운 오순절 성령운동을 중심으로.”『담론201』 9(1): 231-258.

______. 2010. “종교와 행복: 한국사회의 관리 · 전문직의 사례를 중심으로.”『담론201』 13(4): 127-157.

김성수. 2002. “함석헌과 노장사상.”『한국문화연구』. 이화여자대학교 한국문화연구원.

김 원. 2004. “1970년대 민주노조와 교회 단체: 도시산업선교회와 지오세 담론의 형성과 모순.”『산업노동연구』 10(1): 57-94.

김인수. 2003.『한국기독교회사』. 서울: 한국장로교출판사.

김정수. 2013. “우리나라 종교갈등의 특성과 바람직한 종교정책의 모색.”『한국정책학회 하계학술발표논문』. pp.687-718.

김종서. 1992. “종교단체의 합리적 재산관리.”『다보』 3: 24-31.

______. 2005.『종교사회학』. 서울: 서울대학교출판부.

김종철 · 이지문. 2014. “공화적 공존을 위한 정치개혁의 필요성과 조건: 정부형태 개헌론을 넘어서.”『세계헌법연구』 20(1): 63-92.

김지범 · 강정한 · 김석호 · 김창환 · 박원호 · 이윤석 · 최성수 · 최슬기 · 김솔이. 2019.『한국종합사회조사 2003-2018』. 서울: 성균관대학교 출판부.

김철수. 2013. “한국의 종교지형.”『21세기 종교사회학』. 서울: 다산출판사. pp.305-337.

김항섭. 2008. “종교경제학에 대한 비판적 이해.”『종교문화연구』 10(12): 1-26.

남경희. 1997.『이성과 정치존재론』. 문학과 지성사.

남춘모 · 박승길. 2014. “종교집단에 대한 양적조사의 의의 및 방법.”『한국종교』 37: 231-264.

노길명. 2003.『한국신흥종교연구』. 경세원.

______. 2005.『한국의 종교운동』. 서울: 고려대학교출판부.

노동사연구소(성공회대). 2013.『디지털시대의 노동자들(Workers in the Digital Age)』. 파주: 한국학술정보.

노중기. 2005. “민주노조운동과 구로동맹파업: 그 내적 연관에 대한 시론.”『산업노동연구』 11(2): 321-344.

류성민. 2007. “한 · 중 · 일 삼국의 종교정책 비교.”『종교연구』 46: 35-75.

______. 2009. “한국 종교인구 분포 비율의 변화와 그 특징.”『종교연구』 56: 25-66.

맥퍼슨, 이안. 2010. “캐나다 신협의 발전과정과 시사점.”『신협연구』 55(2): 131-179.

문화체육관광부. 2006.『종교행정편람』.

______. 2009.『종무행정백서』.

______. 2011.『한국의 종교현황』.

민경배. 1995.『한국교회의 사회사』. 서울: 연세대학교출판부.

민주노총. 2001.『민주노조 투쟁과 탄압의 역사 1970-2000』. 서울: 현장에서 미래를.

박경호. 1990. “우리나라 전통문화와 신협운동 발전방향.”『신협연구』 18: 94-117.

박광수. 2005. “원불교의 상생사상: 사은을 중심으로.”『신종교연구』 12:112-129.

박명수. 2010. “정부의 전통종교 문화정책 현황과 기독교의 대응방안.”『성결교회와 신학』 24: 81-121.

박승길. 1998. “미군정의 종교 정책과 기독교의 헤게머니 형성.”『사회과학연구』 5: 61-90.

박재묵. 2004. “레츠, 지속가능한 생태공동체로서의 의미와 한계.”『황해문화』 42: 373-378.

박정신. 2004. 『한국기독교사 인식』. 서울: 혜안.

박종주 1994. "한국에서의 국가-종교관계 변화분석: 제1-6공화국의 종교정책을 중심으로." 『한국사회와 행정연구』 5(1): 195-212.

박준성 · 정태연. 2011. "한국인의 종교성에 대한 척도개발 및 타당화 검증." 『종교연구』 62: 41-69.

박찬운. 2014. "양심적 병역거부: 국제인권법적 현황과 한국의 선택." 『저스티스』 141: 5-30.

박혜순. 2005. "생태적 감응력 회복을 위한 공부론: 致良知." 『양명학』 14: 5-49.

_____. 2006. "理: 자연의 내재적 가치: 인간과 자연 그 소통의 근거." 『철학사상』 10: 35-58.

_____. 2012. "도가적 관점에서 본 물에 관한 생태철학적 연구." 서강대학교 박사학위논문.

_____. 2013. "생명과 명실의 문제." 『철학논집』 32: 185-213.

_____. 2016. "공존의 생태윤리를 위한 대안적 제언 이수관물." 『생명연구』 32: 261-296.

백종구. 2010. "한국 현대 종교문화정책의 역사와 전망." 『성결교회와 신학』 24: 55-80.

서신혜. 2017. "조선인이 꿈꾼 별세계." 『유토피아: 낙원에 대한 기억, 혹은 미래에 대한 희망』. 이종수(편). 서울: 다산출판사.

서재영. 2011. "한국 선종의 생태적 사유와 전통." 『철학사상』 44: 37-74.

성균관대학교 서베이리서치센터(KGSS). 2008. 『한국종합사회KGSS조사 2007』.

소기석. 2005. 『현대 환경윤리에 대한 종교학적 연구』. 서울: 한국학술정보(주).

소성규. 2012. "종교단체의 법적 규율을 위한 입법적 시론." 『한국법정책학회』 12(2): 453-482.

손은정. 2013. "우리나라 협동조합운동의 실태와 한계, 그리고 과제: 영등포산업선교회를 중심으로." 『기독교사상』 7월: 50-65.

송기춘. 2006. "종교 관련 제도의 헌법적 문제점과 그 개선방안." 『헌법학연구』. 한국헌법학회 12(5): 113–146.

송재룡. 2010a. "잉글하트(R. Inglehart)의 종교세속화론 비판적 고찰." 한국사회학회 2010년 후기학술대회 발표 논문. 서울시립대학교. pp.1–8.

_____. 2010b. "탈근대 사회의 성찰적 전환과 '영성사회학' 테제." 『신학과 사회』 24(1): 127–157.

_____. 2014. "유교의 문화언어 습속과 권력현상: 존비어체계의 '문화적' 권력성을 중심으로." 『사회사상과 문화』 29(1):285–314.

송희복. 1995. "서정시의 화엄경적 생명원리." 『시와 사상』 겨울호.

시노하라 하지메. 2013. 『시민의 정치학』. 최은봉(역). 서울: 지식산업사.

시미즈 도시유키. 2011. "일본 연구자가 보는 한국 시민사회론." 『경제와 사회』 92: 391–395.

신광영. 1994. 『계급과 노동운동의 사회학』. 서울: 나남.

신원하. 2004. "양심적 병역거부, 어떻게 보아야 하나." 『목회와 신학』 1월호: 244.

안치용 외. 2014. 『구로공단에서 G밸리로: 서울디지털산업단지 50년 50인의 사람들』. 서울: 한스컨텐츠.

양낙흥. 2008. 『한국장로교회사』. 서울: 생명의 말씀사.

영등포산업선교회(YDP–UIM). 1998. 『영등포산업선교회 40년사』. 서울: 영등포산업선교회.

원광대학교 종교문제연구소. 1997. 『한국신종교실태조사연구』.

유경동. 2005. "양심적 병역거부와 기독교 사회윤리: 정의와 인권을 중심으로." 『신학과 세계』 52: 192–220.

유경순. 2005. "1985년 구로동맹파업의 전개 과정과 현재적 의미." 『진보평론』 6월호: 324–342.

유광석. 2013. "합리적 선택이론에서 종교적 수요의 안정성 논쟁." 『담론201』 16(2): 49–73.

_____. 2014a. 『종교시장의 이해』. 서울: 다산출판사.

_____. 2014b. "종교정보학: 종교적 재난에 관한 종교시장이론적 접근." 『종교연구』 74(4): 103–136.

_____. 2015. "한국 종교소수자의 현황과 문제점: 인구센서스와 해외 데이터베이스의 비교." 『담론201』 18(2): 43–63.

______. 2017. “종교없음(Religious Nones) 인구의 종교성에 대한 이론적 및 정책적 함의: 종교시장이론적 관점에서.” 『한국사회와 종교학』. pp.96-121.

유승무 · 박수호. 2006. “불교와 근대성의 ‘또 다른’ 만남.” 『사회와이론』 9: 53-78.

유정길. 2014. “지속가능한 생태사회를 위한 불자들의 생명청규.” 제23회 국제불교문화학술회의 자료집. pp.63-74.

유정원. 2013. “한국 여성종교인의 예언자적 생태운동.” 『신학전망』 181: 139-173.

윤상덕. 2011. “이자규제의 역사적 고찰 및 개정 이자제한법의 방향.” 『법학연구』 44: 127-150.

윤용복 외. 2009. 『현대 한국의 종교와 정치』. 성남: 한국학중앙연구원.

윤이흠. 1985. “한국인 종교적 심성의 근원: 종교인구통계조사의 허실.” 『정경문화』 245: 378-387.

______. 2009. “다종교사회와 종교의 자유.” 『종교문화학보』 6: 163-175.

이강오. 1992. 『한국신흥종교총람』. 한국신흥종교연구소.

이광세. 1997. “근대화, 근대성 그리고 유교.” 『철학과현실』 32: 223-245.

이권찬. 1963. “산업전도의 발자취.” 『기독교사상』 7(3): 32-45.

이길용. 2006. “개신교는 줄고 천주교는 늘고 ; Again, 하나님 나라 운동!: 인구센서스에 대한 종교학적 접근.” 『활천』 634(9): 14-17.

이상록. 2015. “1960~1970년대 조지 오글 목사의 도시산업선교 활동과 산업민주주의 구상.” 『사이間SAI』 19: 91-124.

이원규. 1990. “종교성과 삶의 만족도의 상관관계에 대한 경험적 연구.” 『신학과 세계』 20: 246-299.

______. 1994. “한국종교의 사회적 및 심리적 기능에 대한 경험적 연구.” 『신학과 세계』 28: 232-253.

이윤미. 2013. “뚜웨이밍의 유교적 휴머니즘 연구.” 서강대학교 박사학위논문.

이은선. 2010. “정부의 민족종교 및 민속문화정책 현황과 기독교계의 대응.” 『성결교회와 신학』 24: 122-152.

이장형. 2007. “대량소비 문화와 물질주의에 대한 기독교의 책임.” 『기독교사회윤리』 10(1): 105-131.

이 철. 2009. "현대 사회에서의 시민종교의 역할에 관한 종교사회학적 연구: 2008년 미국산 쇠고기 수입반대 촛불집회를 중심으로." 『한국기독교신학논총』 64: 189-210.

이형균. 2000. "유교사회의 사회합리화와 유교윤리의 역할." 『한국사회학』 34: 11-30.

인명진. 2013a. 『위대한 부르심: 갈릴리교회 30년 이야기』. 서울: 갈릴리교회.

_____. 2013b. 『성문밖 사람들 이야기: 1970년대 영등포산업선교회 역사를 중심으로』. 서울: 대한기독교서회.

임송자. 2010. "1970년대 도시산업선교회와 한국노총의 갈등 · 대립." 『사림』 35: 311-344.

장석만. 2005. "한국 개신교의 또다른 모색: 기독교조선복음선교화와 도시산업선교회." 『역사비평』 2월: 103-122.

장숙경. 2009. "산업선교의 도입과 변화과정 1957-1972." 『사림(성대사림)』 34: 171-211.

장윤재. 2008. "21세기 사회 경제 상황 변화에 대한 평가와 전망." 『총회 도시산업선교 50주년 기념자료집』. pp.6-29.

전명수. 2004. "한국의 경제 발전과 개신교의 역할에 관한 고찰." 『종교연구』 37: 407-435.

전석환 · 이상임. 2017. "종교 의례를 통해 본 '식(食)개념'에 대한 고찰: 동학 · 천도교를 중심으로." 『동학학보』 44: 181-203.

전태국. 2007. "지구화와 유교 전통: 현대 한국인의 유교 가치관." 『사회와 이론』 11: 229-280.

정병석. 1998. "우주 대가정의 생태론적 사유와 천인합일의 생명윤리." 『유교사상문화연구』 10: 25-44.

정상우. 2012. "한국의 종교 법제도와 정책의 흐름과 쟁점." 『법학연구』 20(3): 369-395. 경상대학교 법학연구소.

정상호. 2013. 『시민의 탄생과 진화: 한국인들은 어떻게 시민이 되었나?』. 춘천: 한림대학교출판부.

정용택. 2009. "촛불의 정치학 광장의 종교학: 한국 시민사회의 종교적 기원과 위기." 『시대와 민중신학』 11: 8-33.

정재영. 2018. 『함께 살아나는 마을과 교회』. 서울: SFC출판부.

정진홍 외. 2002. 『종교와 과학』. 서울: 이카넷.

정창수 · 김신열. 1993. "한국에 있어서 종교인구 분포의 지역 간 차이에 관한 사회학적인 연구." 『한국사회학』 27(2): 117-151.

정효구. 1993. "우주공동체와 문학." 『현대시학』 9-10월호.

조대엽. 2008. "촛불시위와 노동조합운동 ; 한국 민주주의와 촛불시위: 제4의 결사체와 신갈등사회론의 전망." 『노동사회』 134: 10-17.

조성돈. 2007. "종교인구 변동에 대한 분석과 한국교회의 과제." 『사회이론』 32: 93-120.

조성돈 · 정재영 외. 2007. 『그들은 왜 가톨릭교회로 갔을까』. 서울: 예영커뮤니케이션.

조세희 · 이재혁. 2013. "왜 '느슨한' 교회가 성장하는가?: 합리적 선택론에서 본 한국 그리스도교의 교세변화." 『한국사회학』 47(2): 61-100.

조승혁. 1976. "도시산업선교 현황보고." 『기독교사상』 20(5): 91-103.

조혜인. 2009. 『공민사회의 동과 서: 개념의 뿌리』. 나남.

주선미. 2011. "사회적 자본 관점에서 본 신협의 과제." 『신협연구』 57(2): 43-76.

진상범. 2006. "한국사회 양심적 병역거부에 대한 국가와 종교의 대응." 『종교문화연구』 88: 191-217.

차성환. 1995. 『한국종교사상의 사회학적 이해』. 서울: 문학과 지성사.

최장집. 1997. 『한국의 노동운동과 국가』. 서울: 나남.

최현종. 2011. 『한국종교인구변동에 관한 연구』. 부천: 서울신학대학교출판부.

______. 2012. "제도화된 영성과 한국 종교 지형의 변화: 가톨릭과 개신교를 중심으로." 『종교와 문화』 22: 137-156.

통계청. 2013. 『출입국 · 외국인정책 통계연보』.

______. "2015 Census 인구주택총조사 자료." http://census.go.kr/mainView.do

한국갤럽. 2015. 『한국인의 종교: 1984년, 1989년, 1997년, 2004년, 2014년 제5차 비교조사보고서』. 한국갤럽조사연구소.

한국기독교목회자협의회(한목협). 2103. 『한국기독교분석리포트: 2013 한국인의 종교생활과 의식조사 보고서』. 서울: 도서출판 URD.

한국기독교사회문제연구원. 1982. 『한국교회 100년 종합조사연구』.

한국농촌경제연구원. 2017. 『2017 국내외 친환경농산물 시장 현황과 과제』. 나주: 한디자인코퍼레이션.

한국리서치. 2008. 『2008년 한국인의 의식 · 가치관 조사』. 문화체육관광부.

한국천주교중앙협의회 편. 『한국 천주교 교세 통계(1962–2013)』. 한국천주교중앙협의회.

한면희. 2009. 『동아시아 문명과 한국의 생태주의』. 서울: 철학과 현실사.

한완상. 1979. "한국의 여리고와 산업선교." 『기독교사상』 23(11): 18–23.

한예원. 1998. "만물일체관에서 본 왕양명의 '생명윤리'." 『유교사상문화연구』 10: 45–56.

한홍구. 2004. "여호와의 증인 앞에서 부끄럽다." 『한겨레 21』 5월 27일.

홍용희. 1995. "신생의 꿈과 언어." 『시와 사상』 겨울호.

환경부. 2001. "종교사회단체들의 환경활동 활성화에 관한 연구." 대회문화아카데미 조사보고서.

황홍렬. 2008. "21세기 총회 산업선교의 나아갈 길." 『총회 도시산업선교 50주년 기념자료집』. pp.98–122.

Alexandrin, Glen. 1993. "Elements of Buddhist Economics." *International Journal of Social Economics* 20(2): 3–11.

Ammerman, Nancy T. 2006. *Everyday Religion: Observing Modern Religious Lives*. Oxford, New York: Oxford University Press.

Azzi, Corry and Ronald G. Ehrenberg. 1975. "Household Allocation of Time and Church Attendance." *Journal of Political Economy* 83(1): 27–59.

Bainbridge, William S. 2007. *Across the Secular Abyss*. Lanham, MD: Lexington Books.

_____. 2009. "Atheism" in *The Oxford Handbook of The Sociology of Religion*. ed. by Peter Clarke. New York: Oxford University Press. pp.319–335.

Baker, Chris. 2012. "Exploring Spiritual Capital: Resource for an Uncertain Future?" In *Spiritual Capital: Spirituality in Practice in Christian Perspective*, ed. by Michael O'Sullivan and Bernadette Flanagan. Surrey, UK: Ashgate Publishing Company, pp.7–22.

_____. 2016. "Sustainable Governance in a Postsecular Public Sphere: Re-assessing the Role of Religion as Acosmopolitan Policy Actor in a Diverse and Globalised Age." *Sustainable Development* 24: 190–198.

Baker, Chris and Hannah Skinner. 2006. *Faith in Action: the Dynamic Connection between Spiritual and Religious Capital*. Manchester: William Temple Foundation.

_____. 2014. "Regenerating Communities: A theological and Strategic Critique: End of Year Two Report: Telling the Stories: How Churches are Contributing to Social Capital." Manchester: William Temple Foundation.(http://williamtemplefoundation.org.uk/wp-content/uploads/2014/03/Telling-the-Stories-Baker-Skinner.pdf)

Bankston, Carl L. III. 2002. "Rationality, Choice and the Religious Economy: the Problem of Belief." *Review of Religious Research* 43(4): 311–325.

_____. 2003. "Rationality, Choice, and the Religious Economy: Individual and Collective Rationality in Supply and Demand." *Review of Religious Research* 45(2): 155–171.

Barker, Eileen. 1984. *The Making of a Moonie: Brainwashing or Choice*. Oxford: Basil Blackwell.

Barker, Rachel. 1982. *Conscientious, Government and War: Conscientious Objection in Great Britain 1939–45*. London, Boston: Routledge & Kegan Paul.

Becker, Gary S. 1964. *Human Capital*. New York: National Bureau of Economic Research, Columbia University Press.

_____. 1968. "Crime and Punishment: An Economic Approach."

Journal of Political Economy 76(2): 169–217.

_____. 1976. *The Economic Approach to Human Behavior*. Chicago: University of Chicago Press.

Beckford, James A. 1975. *The Trumpet of Prophecy: A Sociological Study of Jehovah's Witnesses*. New York: Wiley.

Berger, Peter L. 1963. "A Market Model for the Analysis of Ecumenity." *Social Research* 30: 75–90.

_____. 1967. *The Sacred Canopy: Elements of a Sociological Theory of Religion*. Garden City, N.Y.: Doubleday.

Berger, Peter L. 1999. *The Desecularization of the World: Resurgent Religion and World Politics*. Grand Rapids, Michigan: William B, Eerdmans Publishing Company.

_____. 2001. "Reflections on the Sociology of Religion Today." *Sociology of Religion* 62(4): 443–454.

Berger, Peter L. and Anton Zijderveld. 2009. *In Praise of Doubt: How To Have Convictions Without Becoming A Fanatic*. HarperOne. (『의심에 대한 옹호』 함규진 역. 서울: 산책자. 2010.

Bernhold, Katrin. 2008a. "Spurning Secularism, Many French Muslims Find Haven in Catholic Schools." *New York Times*, September 30.

_____. 2008b. "A Veil Closes France's Door to Citizenship." *New York Times*, July 19.

Besier, Gerhard and Renate-Maria Besier. 2001. "Jehovah's Witnesses' Request for Recognition as a Corporation under Public Law in Germany: Background, Current Status, and Empirical Aspects." *Journal of Church and State* 43(1): 35–48.

Beyer, Peter. 2003. "Defining Religion in Cross-national Perspective: Identity and Difference in Official Conceptions." In *Defining Religion* ed. by A. L. Greil and David G. Bromley. Amsterdam and London: JAI. pp.163–188.

Bouma, Gary D. 1999. "Managing Religious Diversity: From Threat to

Promise." Special Edition of *Australian Religious Studies Review* 12(2).

_____. 2009. "Religious Diversity." In *The Oxford Handbook of the Sociology of Religion*. ed. by Peter Clarke. New York: Oxford University Press. pp.506-522.

Bourdieu, P. 1990. *In Other Words*. Oxford: Polity Press.

_____. 1991a. "Genesis and Structure of the Religious Field." Trans. by J. B. Burnside, Craig Calhoun, and Leah Florence. *Comparative Social Research* 13: 1-44.

_____. 1991b. "The Forms of Capital." In *Handbook of Theory and Research for the Sociology of Education*, ed. by J. Richardson New York: Greenwood. pp.241-258.

_____. 1993. *Sociology in Question*. London: Sage.

Bradley, D. E. 1995. "Religious Involvement and Social Resources: Evidence from the Americans' Changing Lives Data." *Journal for the Scientific Study of Religion* 34: 259-267.

Brock, Peter. 1968. *Radical Pacifists in Antebellum America*. Princeton, NJ: Princeton University Press.

_____. 2004. *These Strange Criminals: An Anthology of Prison Memoirs by Conscientious Objectors from the Great War to the Cold War*. Toronto: University of Toronto Press.

Bromley, David G. and James T. Richardson(ed.). 1983. "The Brainwashing/Deprogramming Controversy: An Introduction." In *The Brainwashing/Deprogramming Controversy*. New York: Edwin Mellen Press. pp.1-11.

Bromley, David G. and Thomas Robbins. 1992. "The Role of Government in Regulating New and Nonconventional Religions." In *The Role of Government in Monitoring and Regulating Religion in Public Life*. Waco, TX: Dawson Institute of Church-State Studies, Baylor University.

Bruce, Steve. 1993. "Religion and Rational Choice: A Critique of

Economic Explanations of Religious Behavior." *Sociology of Religion* 54(2): 193–205.

Carson, Rachel. 1962. *The Silent Spring*. Houghton Mifflin Harcourt. (『침묵의 봄』 김은령 옮김. 서울: 에코리브르. 2002.)

Casanova, Jose. 1994. *Public Religions in the Modern World*. Chicago: Chicago University Press.

_____. 2006. "Rethinking Secularization: A Global Comparative Perspective." *Hedgehog Review* 8(1–2): 7–22.

_____. 2008. "Public Religions Revisited." In *Religion: Beyond a Concept*, ed. by Vries H.de, New York: Fordham University Press. pp.101–109.

_____. 2009. "The Religious Situation in Europe." In *Secularization and the World Religions*, ed. by Wiegandt K, Joas H. and Skinner A., Liverpool: Liverpool University Press. pp.206–227.

Cha, Seong Hwan. 2000. "Korean Civil Religion and Modernity." Social Compass 47(4): 467 – 485.

Chesnut, R. Andrew. 2003. *Competitive Spirits: Latin America's New Religious Economy*. Oxford and New York: Oxford University Press.

Clark, J. C. D. 2005. "Liberty and Religion: The End of U. S. Exceptionalism?" *Orbis*(winter): 21–35.

Coleman, James S. 1988. "Social Capital in the Creation of Human Capital." *American Journal of Sociology* 94(supplement): S95–S120.

_____. 1989. "Rationality and Society." *Rationality and Society* 1(1): 5–9.

_____. 1990. *Foundations of Social Theory*. Cambridge: Harvard University Press.

_____. 1993. "The Rational Reconstruction of Society: 1992 Presidential Address." *American Sociological Review* 58(1): 1–15.

_____. 1994. "A Rational Choice Perspective on Economic Sociology."

In *The Handbook of Economic Sociology*, ed. by Neil J. Smelser and Richard Swedberg. Princeton, NJ.: Princeton University Press.

Collins, Randall. 1997. "An Asian Route to Capitalism: Religious Economy and the Origins of Self-Transforming Growth in Japan." *American Sociological Review* 62(6): 843-865.

Cook, Karen. 1982. "Network Structure from an Exchange Perspective." In *Social Structure and Network Analysis*. ed. by Peter V. Marsden and Nah Lin. Beverly Hills, LA: Sage Publications. pp.177-199.

Davie, Grace. 1994. *Religion in Britain since 1945: Believing without Belonging*. Cambridge, Mass.: Basil Blackwell.

_____. 2006. "Is European Exceptional Case?" *International Review of Mission* 95(378/379): 247-258.

Dawkins, Richard. 2006. *The God Delusion*. Boston: Houghton Mifflin.

Dawson, Lorne L. 2001. "The Cultural Significance of New Religious Movements: The Case of Soka Gakkai." *Sociology of Religion* 62(3): 337-364.

_____. 2009. "Church-Sect-Cult: Constructing Typologies of Religious Groups." In *The Oxford Handbook of the Sociology of Religion*. ed. by Peter B. Clarke. New York: Oxford University Press. pp.525-544.

Demerath, N. J. 1995. "Rational Paradigms, A-Rational Religion and the Debate over Secularization." *Journal for the Scientific Study of Religion* 34: 105-112.

Diotallevi, Luca. 2002. "Internal Competition in a National Religious Monopoly: The Catholic Effect and the Italian Case." *Sociology of Religion* 63(2): 137-155.

Dobbelaere, Karel. 1987. "Some Trends in European Sociology of Religion: The Secularization Debate." *Sociological Analysis* 50: 377-387.

Douglas, Mary. 1986. *How Institutions Think*. Syracuse, NY: Syracuse University Press.

Durkheim, Emil. 1915. *The Elementary Forms of the Religious Life*. Trans. by Joseph Ward Swain. New York: Free Press.

Ecklund, Elaine H. and Kristian Schultz Lee. 2011. "Atheists and Agnostics Negotiate Religion and Family." *Journal for the Scientific Study of Religion* 50(4): 728–743.

Edwards, Michael. 2004. *Civil Society*. Cambridge, UK: Polity Press Ltd.(『시민사회: 이론과 역사, 그리고 대안적 재구성』 서유경 역, 서울: 동아시아. 2015.)

Ellison, Christopher G. 1991. "Religious Involvement and Subjective Well-Being." *Journal of Health and Social Behavior* 32(1): 80–99.

Ellison, Christopher G. and L. K. George. 1994. "Religious Involvement, Social Ties, and Social Support in a Southeastern Community." *Journal for the Scientific Study of Religion* 33: 46–61.

Emerson, Richard. 1972. "Exchange Theory." In *Sociological Theories in Progress*. vol.2, ed. by Joseph Berger, Morris Zelditch, Jr., and Bo Anderson. Boston: Houghton Mifflin. pp.38–87.

Finke, Roger. 1990. "Religious Deregulation: Origins and Consequences." *Journal of Church and State* 32: 609–626.

______. 1997. "The Illusion of Sifting Demand: Supply-side Interpretations of American Religious History." In *Retelling U.S. Religious History*, ed. by Thomas Tweed, Berkeley and Los Angeles: University of California Press. pp.108–124.

______. 2003. *Spiritual Capital: Definitions, Applications, and New Frontiers*. Retrieved from: http://metanexus.org/archive/spiritualcapitalresearchprogram/pdf/finke.pdf

Finke, Roger and Brian J. Grim. 2011. *The Price of Freedom Denied: Religious Persecution and Conflict in the 21st Century*. New York: Cambridge University Press.

Finke, Roger, Christopher D. Bader, and Edward C. Polson. 2007.

"A Growing Web of Resources: The Association of Religion Data Archives(ARDA), www.TheARDA.com." *Review of Religious Research* 49(1): 21–34.

Finke, Roger and Laurence R. Iannaccone. 1993. "Supply–side Explanations for Religious Change in America." *The Annals* 527:27–39.

Finke, Roger and Rodney Stark. 1992. *The Churching of America, 1776-1990: Winners and Losers in Our Religious Economy*. New Brunswick, N.J.: Rutgers University Press.

Flowers, Ronald B. *To Defense the Constitution: Religion, Conscientious Objection, Naturalization, and the Supreme Court*. Lanham, MD: Scarecrow Press, 2002.

Fukuyama, F. 1996. *Trust: the Social Virtues and the Creation of Prosperity*. (『트러스트: 사회도덕과 번영의 창조』 구승회 옮김. 한국경제신문사. 1996.).

Gauthier, D. 1970. *Morality and Rational Self-Interest*. Prentice–Hall.

Gill, Anthony and Erik Lundsgaarde. 2004. "State Welfare Spending and Religiosity: A Cross–National Analysis." *Rationality and Society* 16(4): 399–436.

Glock, C. Y. and R. Stark. 1965. *Religion and Society in Tension*. Chicago: RandMcNally.

Goldstein, Warren S. 2009. "Secularization Patterns in the Old Paradigm." *Sociology of Religion* 70(2):157–178.

Grayson, James Huntley. 2003. *Korea–A Religious History*. London: Routeledge.

Grim, Brian J. and Roger Finke. 2011. *The Price of Freedom Denied: Religious Persecution and Conflict in the Twentieth Century*. New York: Cambridge University Press.

Habermas, Jurgen. 2006. "Religion in the Public Sphere." *European Journal of Philosophy* 14(1): 1–25.

_____. 2008. "Notes on Post–Secular Society." *New Perspectives*

Quarterly 25(4): 17–29.

Hadden, Jeffrey K. 1987. "Toward Desacralizing Secularization Theory." *Social Forces* 65(3).

Hall, Daniel E., Harold G. Koenig, and Keith G. Meador. 2010. "Episcopal Measure of Faith Tradition: A Context-Specific Approach to Measuring Religiousness." *Journal of Religion and Health* 49(2): 164–178.

Halman, L. and R. Inglehart *et al.* 2008. *Changing Values and Beliefs in 85* Countries. Leiden, Netherlands: Brill NV.

Hamberg, Eva M. and Thorleif Pettersson. 1994. "The Religious Market: Denominational Competition and Religious Participation in Contemporary Sweden." *Journal for the Scientific Study of Religion* 33(3): 205–216.

Hamilton, Malcolm. 2009. "Rational Choice Theory: A Critique." In *The Oxford Handbook of The Sociology of Religion*, ed. by Peter B. Clarke. New York: Oxford University Press. pp.116–133.

Hammond, P. and D. Machacek. 1999. *Soka Gakkai in America: Accommodation and Conversion*. New York: Oxford University Press.

Hampshire, Annette P. and James A. Beckford. 1983. "Religious Sects and the Concept of Deviance: The Mormons and the Moonies." *The British Journal of Sociology* 34(2): 208–229.

Hechter, Michael. 1994. "The Role of Values in Rational Choice Theory." *Rationality and Society* 6(3): 318–333.

Hechter, Michael and Satosh Kanazawa. 1997. "Sociological Rational Choice Theory." *Annual Review of Sociology* 23: 191–214.

Huntington, Samuel P. 1996. *The Clash of Civilization and the Remaking of World Order*. New York: Simon & Schuster.

Hurst, J. 1992. *Nichiren Shishu Buddhism and the Soka Gakkai in America: The Ethos of a New Religious Movement*. New York: Garland.

Hus, Becky, Amy Reynolds, Conrad Hackett, and James Gibbon. 2008. "Estimating the Religious Composition of All Nations: An Empirical Assessment of the World Christian Database." *Journal for the Scientific Study of Religion* 47(4): 678–693.

Iannaccone, Laurence R. 1988. "A Formal Model of Church and Sect." *The American Journal of Sociology* 94(Supplement): S241–S268.

_____. 1990. "Religious Practice: A Human Capital Approach." *Journal for the Scientific Study of Religion* 29(3): 297–314.

_____. 1992. "Sacrifice and Stigma: Reducing Free-Riding in Cults, Communes, and Other Collectives." *Journal of Political Economy* 100(2): 271–292.

_____. 1994. "Why Strict Churches are Strong." *The American Journal of Sociology* 99(5): 1180–1211.

_____. 1995. "Risk, Rationality, and Religious Portfolios." *Economic Inquiry* 33(2): 285–295.

_____. 1998. "Introduction to the Economics of Religion," *Journal of Economic Literature* 36(September): 1465–1496.

Iannaccone, Laurence R., Daniel V. A. Olson, and Rodney Stark. 1995. "Religious Resources and Church Growth." *Social Forces* 74(2): 705–731.

Iannaccone, Laurence R., Roger Finke, and Rodney Stark. 1997. "Deregulating Religion: The Economics of Church and State." *Economic Inquiry* 35(April): 350–364.

Inglehart, Ronald *et al.* 2010. *Changing Human Beliefs and Values, 1981-2007*. Mexico: Siglo XXI Editores.

Ivanhoe, Philip J. 1998. "Early Confucianism and Environmental Ethic." in Confucianism and Ecology. ed. by Tucker, Mary Evelynr and John Berthrong. Harvard CSWR, 1998.

Jenkins, Willis, Mary Evelyn Tucker and John Grim(ed.). 2018. *Routledge Handbook of Religion and Ecology*. New York:

Routledge.

Kaplan, William. 1989. *State and Salvation: The Jehovah's Witnesses and Their Fight for Civil Rights*. Toronto: University of Toronto Press.

Kauffman, J. Howard. 1989. "Dilemmas of Christian Pacifism within a Historic Peace Church." *Sociological Analysis* 49(4): 368.

Kim, Andrew Eungi. 2005. "Nonofficial Religion in South Korea: Prevalence of Fortunetelling and other Forms of Divination." *Review of Religious Research* 46(3): 284–302.

Kim, Andrew Eungi and Gil-Sung Park. 2003. "Nationalism, Confucianism, Work Ethic and Industrialization in South Korea." *Journal of Contemporary Asia* 33(1): 37–49.

Kim, Sung-ho. 2002. "Rapid Modernization and the Future of Korean Christianity." *Religion* 32: 27–37.

Ko, Young Seop. 2008. "Universality and Specialty of Korean Buddhism–Focused on View of Woman, Ecology, Life & Death." 『불교학보』 49: 39–62.

Lang, Graeme, Selina Ching Chan, and Lars Ragvald. 2005. "Temples and the Religious Economy." *Interdisciplinary Journal of Research on Religion* 1(Article 4). http://www.religjournal.com

Lawson, Ronald. 1995. "Sect–State Relations: Accounting for the Differing Trajectories of Seventh–Day Adventists and Jehovah's Witnesses." *Sociology of Religion* 56(4): 351–377.

Lechner, Frank J. 1991. "The Case Against Secularization: A Rebuttal." *Social Forces* 69(4): 1103–1119.

_____. 1997. "The New Paradigm in the Sociology of Religion: Comment on Warner." *American Journal of Sociology* 103(1): 182–192.

Lim, Chaeyoon and Robert D. Putnam. 2010. "Religion, Social Networks, and Life Satisfaction." *American Sociological Review* 75(6): 914–933.

Lim, Chaeyoon, Carol Ann MacGregor, and Robert D. Putnam. 2010. "Secular and Liminal: Discovering Heterogeneity Among Religious Nones." *Journal for the Scientific Study of Religion* 49(4): 596-618.

Luhmann, N. 2013. *A Systems Theory of Religion*. Stanford, CA: Stanford University Press.

Malinowski, Bronislaw. [1948]1954. *Magic, Science and Religion: And Other Essays*. Garden City, N.Y.: Doubleday.

Martin, David. 1969. "Some Utopian Aspects of the Concept of Secularization." In *The Religious and the Secular*. London: Routledge and Kegan Paul.

McGuire, Meredith B. 2008. *Lived Religion: Faith and practice in Everyday Life*. New York: Oxford University Press.

Melton, J. Gordon. 2003. "The Development of American Religion: An Interpretive View." in *Encyclopedia of American Religions* 7th Edition[electronic resource]. Detroit, Mich.: Gale. 1–19.

Metraux, D. A. 1988. *The History and Theology of Soka Gakkai: A Japanese New Religion*. Lewiston, New York:Edwin Mellen Press.

______. 1994. *The Soka Gakkai Revolution*. Lanham, MD: University of America.

Miller, Alan S. 1992. "Conventional Religious Behavior in Modern Japan: A Service Industry Perspective." *Journal for the Scientific Study of Religion* 31: 207–214.

______. 1995. "A Rational Choice Theory Model of Religious Behavior in Japan." *Journal for the Scientific Study of Religion* 34: 234–244.

Moskos, Charles C. and John Whiteclay Chambers II.(ed.). 1993. *The New Conscientious Objection: From Sacred to Secular Resistance*. New York: Oxford University Press.

Naess, Arne. 1973. "The Shallow and the Deep, Long-Range Ecology Movement." *Inquiry* 16: 95–100.

Orsi, Robert Antony. 2003. "Is the Study of Lived Religion Irrelevant to the World We Live In?" *Journal for the Scientific Study of Religion* 42(2): 169–174.

Pace, Enzo. 2011. "The Socio–Cultural and Socio–Religious Origins of Human Rights." In The *Oxford Handbook of The Sociology of Religion*, ed. by Peter Clarke, New York: Oxford University Press. pp.432–448.

Park, Yong-Shin. 2000. "Protestant Christianity and Its Place in Changing Korea." *Social Forces* 47(4): 507–524.

Parker, G. Cristian. 1998. "Modern Popular Religion: A Complex Object of Study for Sociology," *International Sociology* 13(2): 195–212.

Parsons, Talcott. 1979. "Religious and Economic Symbolism in the Western World." In *Religious Change and Continuity*, ed. by Harry M. Johnson. San Francisco, LA: Jossey–Bass, pp.1–48.

Penton, James M. 1985. *Apocalypse Delayed: A Story of Jehovah's Witnesses*. Toronto: University of Toronto Press.

_____. 1990. "A Story of Attempted Compromise: Jehovah's Witnesses, Anti–Semitism and the Third Reich." *The Christian Quest* 3(1): 33–45.

Peters, Shawn F. 2000. *Judging Jehovah's Witnesses: Religious Persecution and the Dawn of the Rights Revolution*. Lawrence, Kansas: University Press of Kansas.

Putnam, Robert D. 1993. "The Prosperous Community." *The American Prospect* 4(13).

_____. 1994. *Making Democracy Work: Civic Tradition in Modern Italy*. Princeton University Press.(『사회적 자본과 민주주의』 안청시 외 옮김. 박영사. 2000.)

_____. 2000. Bowling Alone: The Collapse and Revival of American Community. New York: Simon & Schuster.(『나 홀로 볼링』 정승현 역. 페이퍼로드. 2009.)

Pyle. Ralph E. 2006. "Trends in Religious Stratification: Have

Religious Group Socioeconomic Distinctions Declined in Recent Decades?" *Sociology of Religion* 67(1): 61-79.

Rawls, J. 1973. *A Theory of Justice*. Oxford University Press.

Rey, Terry. 2004. "Marketing the Goods of Salvation: Bourdieu on Religion." *Religion* 34: 331-343.

Richardson, James T. 1985. "The Active vs. Passive Convert: Paradigm Conflict in Conversion/Recruitment Research." *Journal for the Scientific Study of Religion* 24(2): 163-179.

_____. 1991. "Cult/Brainwashing Cases and Freedom of Religion." *Journal of Church and State*(winter): 55-74.

_____. 1995. "Legal Status of Minority Religions in the United States." *Social Compass* 42(2) : 249-264.

_____. 2001. "Law, Social Control, and Minority Religions." In *Frontier Religions in Public Space*, ed. by Pauline Cote, Ottawa: University of Ottawa Press. pp.139-168.

_____. 2006. "The Sociology of Religious Freedom: A Structural and Socio-Legal Analysis." *Sociology of Religion* 67(3): 271-294.

Richardson, James T. and Massimo Introvigne. 2001. "Brainwashing Theories in European Parliamentary and Administrative Reports on Cults and Sects." *Journal for the Scientific Study of Religion* 40(2): 143-168.

Robertson, Roland. 1982. "Parsons on the Evolutionary Significance of American Religion." *Sociological Analysis* 43(4): 307-325.

_____. 1992. "The Economization of Religion? Reflections on the Promise and Limitations of the Economic Approach," *Social Compass* 39(1): 147-157.

Satoru, Kaneko. 1990. "Dimensions of Religiosity among Believers in Japanese Folk Religion." *Journal for the Scientific Study of Religion* 29(1): 1-19.

Schultz, Kevin M. 2006. "Religion as Identity in Postwar America: The Last Serious Attempt to Put a Question on Religion in the

United States Census." *The Journal of American History* 93(2): 359–384.

Schumpeter, Joseph A. 1991. *The Economics and Sociology of Capitalism*. ed. by Richard Swedberg. Princeton, NJ: Princeton University Press.

Segal, Robert. 1983. "In Defense of Reductionism." *Journal of the American Academy of Religion* 51(March): 97–124.

Sharma, Arvind. 2011. "A Hindu Perspective." In *The Oxford Handbook of Religious Diversity*, ed. by Chad Meister. Oxford, New York: Oxford University Press, pp.309–320.

Sharot, Stephen. 2002. "Beyond Christianity: A Critique of the Rational Choice Theory of Religion from a Weberian and Comparative Religions Perspective." *Sociology of Religion* 63(4): 427–454.

Sherkat, Darren E. 1999. "Tracking the "Others": Dynamics and Composition of "Other" Religions in the General Social Survey, 1973–1996." *Journal for the Scientific Study of Religion* 38(4): 551–560.

______. 2001. "Tracking the Restructuring of American Religion: Religious Affiliation and Patterns of Religious Mobility, 1973–1998." *Social Forces* 79(4): 1459–1493.

Sherkat, Darren E. and John Wilson. 1995. "Preferences, Constraints, and Choices in Religious Markets: An Examination of Religious Switching and Apostasy." *Social Forces* 73: 993–1026.

Sibley, Mulford Q. 1943. "The Political Theories of Modern Religious Pacifism." *The American Political Science Review* 37(June): 439–454.

Simpson, John H. 1990. "The Stark–Bainbridge Theory of Religion." *Journal for the Scientific Study of religion* 29(3): 367–371.

Smith, Tom W. 1990. "Classifying Protestant Denominations." *Review of Religious Research* 31(3): 225–245.

_____. 2001. "Review: Religious Freedom as Foreign Policy Priority." *International Studies Review* 3(Autumn): 152–156.

_____. 2002. "Religious Diversity in America: The Emergence of Muslims, Buddhists, Hindus, and Others." *Journal for the Scientific Study of Religion* 41(3): 577–585.

Spiro, Melford E. 1966. "Buddhism and Economic Action in Burma." *American Anthropologist* 68(5): 1163–1173.

Stark, Rodney. 1985. "Church and Sect." In *The Sacred in a Secular Age*. ed. by Phillip E. Hammond, Berkley and LA: University of California Press. pp.139–149.

_____. 1996. "Why Religious Movements Succeed or Fail: A Revised General Model." *Journal of Contemporary Religion* 11(2): 133–146.

_____. 2001. "Reconceptualizing Religion, Magic, and Science." *Review of Religious Research* 43(2): 101–120.

_____. 2007. *Discovering God: the Origins of the Great Religions and the Evolution of Belief*. New York: HarperCollins Publishers.

Stark, Rodney and Buster G. Smith. 2012. "Pluralism and the Churching of Latin America." *Latin American Politics and Society* 54(2): 35–50.

Stark, Rodney, Eva Hamberg, and Alan S. Miller. 2005. "Exploring Spirituality and Unchurched Religions in America, Sweden, and Japan." *Journal of Contemporary Religion* 20(1): 3–23.

Stark, Rodney and Laurence R. Iannaccone. 1994. "A Supply–Side Reinterpretation of the Secularization of Europe." *Journal for the Scientific Study of Religion* 33(3): 230–252.

_____. 1997. "Why the Jehovah's Witnesses Grow So Rapidly: A Theoretical Application." *Journal of Contemporary Religion* 12(2): 133–157.

Stark, Rodney and Roger Finke. 2000. *Acts of Faith: Explaining the Human Side of Religion*. Berkeley, Los Angeles, and London: University of California Press.

Stark, Rodney and William S. Bainbridge. 1979. "Of Churches, Sects, and Cults: Preliminary Concepts for a Theory of Religious Movements." *Journal for the Scientific Study of Religion* 18: 117-131.

_____. 1985. *The Future of Religion: Secularization, Revival, and Cult Formation*. Berkeley, LA: University of California Press.

_____. 1987. *A Theory of Religion*. New York: P Lang.

Stevenson, Robert C. 1934. "The Evolution of Pacifism." *International Journal of Ethics* 44(July): 437-451.

Stoltzfus, Duane C. S. 2013. *Pacifists in Chains: The Persecution of Hutterites during the Great War*. Baltimore: Johns Hopkins University Press.

Stonebraker, Robert J. 1993. "Optimal Church Size: The Bigger the Better?" *Journal for the Scientific Study of Religion* 32(3): 231-241.

Sullivan, Dennis H. 1985. "Simultaneous Determination of Church Contributions and Church Attendance." *Economic Inquiry* 23(2): 309-320.

Swatos, William H., Jr. 1991. "Cultural-Historical Factors in Religious Economies: Further Analysis in Canadian Case." *Review of Religious Research* 33(1): 60-75.

Swatos, William H., Jr. and Kevin J. Christiano. 1999. "Secularization Theory: The Course of a Concept." *Sociology of Religion* 60(3): 209-228.

Tiryakian, Edward A. 1993. "American Religious Exceptionalism: A Reconsideration." *American Academy of Political and Social Science* 527:40-54.

Todd, Timothy G. "Religious and Conscientious Objection." *Stanford Law Review* 21(June, 1969): 1734-1749.

Toft, M. Duffy. 2007. "Getting Religion? The Puzzling Case of Islam and Civil War." *International Security* 31: 97-131.

Tu, Wei-ming. 2009. "Confucian Humanism as a Spiritual Resource for

Global Ethics." *Peace and Conflict Studies* 16(1): 1–8.

Urquhart, Robert C. 1963. "Industrial Evangelism in Korea: Past, Present, and Future." 『기독교사상』 7(3): 32–45.

Vernon, Glenn M. 1968. "The Religious "Nones": A Neglected Category." *Journal for the Scientific Study of Religion* 7(2): 219–229.

Verter, Bradford. 2003. "Spiritual Capital: Theorizing Religion with Bourdieu against Bourdieu." *Sociological Theory* 21(2): 150–174.

Viner, Jacob. 1978. *Religious Thought and Economic Society*. ed. by Jacques Melitz and Donald Winch. Durham, North Carolina: Duke University Press.

Wah, Carolyn R. 2001. "Jehovah's Witnesses and the Responsibility of Religious Freedom: The European Experience." *Journal of Church and State* 43(3): 579–601.

_____. 2002. "Jehovah's Witnesses and the Empire of the Sun: A Clash of Faith and Religion During World War II." *Journal of Church and State* 44(1): 45–72.

Wallace, Anthony F. C. 1966. *Religion: An Anthropological View*. New York: Random House.

Wallis, Roy. 1977. *The Road to Total Freedom: A Sociological Analysis of Scientology*. New York: Colombia University Press.

Walters, LeRoy. 1973. "A Historical Perspective on Selective Conscientious Objection." *Journal of the American Academy of Religion* 41(June): 201–211.

Warner, R. Stephen. 1993. "Work in Progress towards a New Paradigm for the Sociological Study of Religion in the United States." *American Journal of Sociology* 98(5): 1044–1093.

_____. 1998. "Approaching Religious Diversity: Barriers, Byways, and Beginnings." *Sociology of Religion* 59(3): 193–215.

Weber, Max. 1958. *The Protestant Ethic and the Spirit of Capitalism*. Trans. by Talcott Parsons. New York: Scribner.

_____. 1968. *Economy and Society: An Outline of Interpretive Sociology*. New York : Bedminster Press.

_____. [1922]1993. *The Sociology of Religion*. Boston: Beacon Press.

White, Lynn. 1967. "The Historical Roots of our Ecological Crisis." *Science* 155: 1203-1207.

Willer, Daivd. 1992. "The Principle of Rational Choice and The Problem of a Satisfactory Theory." In *Rational Choice Theory: Advocacy and Critique*, ed. by James S. Coleman and Thomas J. Farraro. Newbury Park, CA: Sage Publications, pp.49-78.

Wilson, Bryan R. 1969. *Religion in Secular Society: A Sociological Comment*. Harmondsworth: Penguin.

_____. 1975. "The Debate over Secularization: Religion, Society and Faith." *Encounter* 45: 77-84.

_____. 1977. "Aspects of Kinship and the Rise of Jehovah's Witnesses in Japan." *Social Compass* 24(1): 97-120.

Wilson, B. and K. Dobbelaere. 1994. *A Time to Chant: Soka Gakkai Buddhists in Britain*. Oxford: Oxford University Press.

Wood, James E. Jr. 1989. "Religious Pluralism and Religious Freedom." *Journal of Church and State* 31: 7-14.

Woodberry, R. D. 2008. "Pentecostalism and Economic Development." In *Markets, Morals, and Religion*. ed. by B. I. Jonathan. Brunswick, N.J.: Transaction Publishers. pp.157-177.

Wuthnow, R. 1991. "Religion as Culture." In *Religion and the Social Order*, vol 1. ed. by D. G. Bromley. Greenwitch, CT: JAI Press.

_____. 2003. "Can Religion Revitalize Civil Society?" In *Religion as Social Capital*, ed. by Corwin Smidt. Waco, Texas: Baylor University Press. pp.191-209.

Yang, Der-Ruey. 2005. "The Changing Economy of Temple Daoism in Shanghai." In *State, Market, and Religions in Chinese Societies*, ed. by Fenggang Yang and Joseph B. Tamney. Leiden: Brill. pp.113-148.

Yang, Fenggang. 2006. "The Red, Black, and Gray Markets of Religion in China." *The Sociological Quarterly* 47(1): 93–122.

_____. 2012. *Religion in China: Survival and Revival under Communist Rule*. New York: Oxford University Press.

_____. 2016. "Exceptionalism or Chinamerica: Measuring Religious Change in the Globalizing World Today." *Journal for the Scientific Study of Religion* 55(1): 7–22.

Zaleski, Peter A. and Charles E. Zech. 1994. "Economic and Attitudinal Factors in Catholic and Protestant Religious Giving." *Review of Religious Research* 36(2): 158–167.

_____. 1995. "The Effect of Religious Market Competition on Churching Giving." *Review of Social Economy* 53(3): 350–367.

[온라인자료]

The Association of Religion Data Archives(ARDA). www.thearda.com.

European Values Study(EVS). www.europeanvaluesstudy.eu

Genral Social Survey(GSS). http://www3.norc.org/Gss+website/

International Religious Freedom Report. http://www.uscirf.gov/

The Pew–Templeton Global Religious Futures Project(Pew Database). http://www.globalreligiousfutures.org/

The Statistical Yearbook of the Church.

U.S. Census Bureau. http://www.census.gov/

Watch Tower Bible and Track Society. Yearbook of Jehovah's Witnesses(2002–2016). New York: Watch Tower Bible and Track Society.

World Christian Database(WCD). http://worldchristiandatabase.org/wcd/home.asp

World Vaues Survey Database(WVS). http://www.worldvaluessurvey.org/WVSOnline.jsp

:: 찾아보기

| ㅂ |

| ㅅ |

| ㅇ |

| ㅈ |

| ㅊ |

현대 한국의 종교시장정책론

초판 1쇄 인쇄 | 2019년 4월 20일
초판 1쇄 발행 | 2019년 4월 25일

지은이 | 유광석
발행인 | 강희일 · 박은자
발행처 | 다산출판사

주소 | 서울시 마포구 대흥로 6길 8 다산빌딩 402호
전화 | (02)717-3661
팩스 | (02)716-9945
이메일 | dasanpub@hanmail.net
홈페이지 | www.dasanbooks.co.kr
등록일 | 1979년 6월 5일
등록번호 | 제3-86호(윤)

ISBN 978-89-7110-563-4 94210
ISBN 978-89-7110-542-9(세트)

정가 18,000원

종교학

21세기 종교사회학(2014 세종도서 학술부문)

신국판 / 408쪽 / 20,000원 / 2013년 12월 발행
김성건 · 박승길 · 최현종 · 유광석 · 정태식
전명수 · 박수호 · 송재룡 · 장형철 · 김철수

기본적 인식에 기초하여 최근 세계 종교사회학계의 일각에서 주창되고 있는 중요한 '새로운 패러다임'과 연관된 다양한 연구 주제 및 동향을 종합적으로 저술하고 있다.

종교시장의 이해(2015 학술원 우수학술도서)

신국판 양장 / 264쪽 / 16,000원 / 2014년 9월 발행
유광석

종교시장이론의 핵심을 충실하면서도 깊이 있게 설명한 바탕 위에서 이 이론을 한국적 상황에서 몇 가지 사례에 대해 적용하고 결론 부분에서 종교시장이론의 한계와 잠재력에 대해서 균형 잡힌 논의를 펼치고 있다.

종교와 사회진보

신국판 양장 / 224쪽 / 13,000원 / 2015년 6월 발행
송재룡 · 김성건 · 전명수 · 정승안 · 유광석 · 최현종 · 장형철

거시적으로 한국사회의 사회적 진보의 동인을 이루는 다차원적 요인들에 대한 종교문화 사회학적 접근의 이론적 및 현상적 토대를 넓히는 데에 크게 기여할 것이다.

종교학

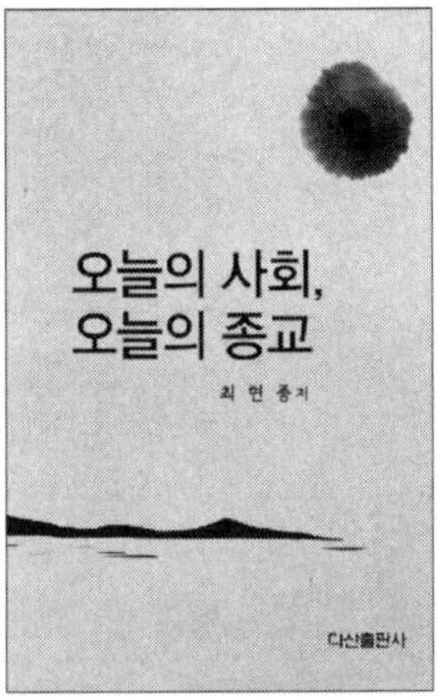

오늘의 사회, 오늘의 종교

신국판 / 336쪽 / 18,000원 / 2017년 2월 발행
최현종

한국 종교인구변동에 관해 기술하였으며 공적 영역에서의 종교와 종교사회학의 이론적인 측면에 관하여 저술하였다.

중국의 종교(2018 학술원 우수학술도서)

신국판 양장 / 268쪽 / 16,000원 / 2017년 6월 발행
펭강 양 지음 / 송재룡 · 유광석 옮김

수천 년간 활동이 허락된 복수의 종교들이 있었지만 중국 정부는 그런 종교들에 제한적 규제들을 유지하고 이단적이거나 종파적인 종교 운동을 억압했다. 수억 명의 잠재적 종교 소비자들을 가진 거대한 회색 시장이 존재하는 중국의 종교에 관해 저술한 책이다.

민주주의, 종교성, 그리고 공화적 공존

신국판 양장 / 456쪽 / 24,000원 / 2017년 6월 발행
김성건 · 김종철 · 박수호 · 송재룡 · 오수길 · 이국운 · 이지문 · 장형철 · 전명수 · 정승안 · 조광덕

사회진보와 공화적 공존을 지향하는 한국적 시민참여모델의 창출은 매우 광범위한 인식론적, 방법론적, 정책론적 공동연구를 요청하고 있다. 종교성은 이러한 이론적 · 실증적 연구의 주요 소재이자 공화적 공존의 실체적 가치에 대한 지향가치를 제공해 준다.

종교학

일본의 종교 -토착교회 운동-

신국판 양장 / 372쪽 / 20,000원 / 2019년 2월 발행
마크 멀린스 지음 / 김성건 · 이숙희 옮김

일본에는 서구 선교사들이 남겨 놓은 익숙한 교회 이미지와는 다른 기독교가 존재한다. 이 기독교는 일본인의 영혼 깊이 도달하는 데 실패했던 수입된 기독교를 향해 저항했던 기독교 토착 운동이다. 이 책은 이와 같은 운동들이 어디에서 출현했고 어떻게 발전했는지에 관한 것이다.

현대 한국의 종교시장정책론

신국판 양장 / 272쪽 / 18,000원 / 2019년 4월 발행
유광석

지구화 시대의 종교들은 내적 다양성의 증대로 인해 야기되는 자기분열과 자기모순의 문제에 직면할 뿐만 아니라, 외적으로는 기존의 토착문화나 기성종교들과는 전혀 다른 종류의 인종적, 정치적, 경제적 종교들과 경쟁하고 새로운 관계를 설정해야 하는 복잡한 상황에서 각자의 생존법을 모색하고 있다.